陽宅外煞一點就通

[彩色圖解版]

序

風水堪輿之學由來已久，是人類在生存與發展的過程中，人類為了爭取更好的生活與發展的空間所應運而生的一門學問，在這過程當中，人類從最初與大自然的爭鬥，經過不斷的進化演進，進而學會瞭解自然而順應自然，所產生的利用自然及改造自然的一門環境進化之學。

古代先人為了居住安全與舒適，觀察山川河流的生態形勢及草木土石的變化，還有風、雨、冰雪、氣象、氣候、季節的轉換，進而選擇最佳的地點和方位來定居，如同「良禽擇木而棲，猛獸擇穴而居，高人擇地而住」的最佳寫照，故風水堪輿學是一門綜合地球物理學、地球磁場能量學、環境景觀學、水文地質學、建築景觀學、天文氣象學、人體生命學和宇宙星體學的一門綜合性的大自然科學，是中國老祖宗的重要發明，也是民族傳統文化的寶藏，更代表著先民的智慧結晶。

雖然風水堪輿流派很多，各派見解亦不相同，不過任何學術都有這種現象，哪怕同一個人對於相同派別的學術，亦會產生不同的觀點，各派的立論點也有不同，而中國的風水堪輿學大致上可歸類為「形勢」和「理氣」兩大原則。在形勢而言乃指陰陽宅周圍的大環境、峰巒、河流、通道、地形、地勢、地氣等等，根據不同的環境及水流動向組織安排佈局，所以古人又稱「巒頭」為「形勢」。

至於「理氣」是指房子的坐向、方位、氣口的五行八卦之相生相剋的原則，再配合天星奇門遁甲九天玄女一二〇甲子秘法及玄空大卦六十四卦之卦氣卦運來選吉而論。例如陽宅風水，首先強調的是本宅位置以及周圍環境的來路與方向，再加上氣候因素去建構有利於人們生活的室內外景觀生態，室內的良好佈置及生剋的配合也可給人心裡有一種舒適及美的感受。所以理氣派的基本宗旨，簡單說來，就是根據河圖洛書、八卦九宮和陰陽五行的排佈規律，將天（日、月、星宿、氣候）、地（地理、地質、宅、舍宅內部、舍宅外圍景觀）和人（命、運、名、相）的「天地人」把時間空間的關係串聯起來，分析其間相生相剋，運用羅盤定位，具體而細微地做出方向、佈局乃至動工、入宅、安神的日課的選擇，按照現代科學觀點，就是探尋天、地、人三個磁場的統一，故論宅卦不論命卦，論命卦不論宅卦，皆為美中不足，應是兩者兼俱，方不失偏頗。

我曾著述過《天下第一風水地理書》、《天下第一風水理氣大全》及《風水龍穴》（風水龍穴由大陸中央編譯局出版）三本風水堪輿專書，《天下第一風水地理書》與《風水龍穴》主要論述風水之「形勢」，而《天下第一風水理氣大全》則是以風水「理氣」為主要內容，這兩本書是我累積三十餘年之心得，創研出行之有效並且能夠把各派之精華特色，彼此合而為一的串連起來，以為相互呼應而達到助人趨吉避凶之功效，所以對形勢及理氣有興趣的讀者，可以參看我的這兩本著述，此外陽宅方面亦曾著述《第一次學陽宅風水就上手》、《學陽宅風水這本最好用》、《一瞬間學會風水》、《馬上學會風水》、《實用陽宅風水》、《化煞》、《化煞一本通》等風水專書，歡迎讀者參閱及不吝賜教。

本書是以陽宅外煞實例為主題從巒頭開始著手，透過觀察陽宅外形與宅形以及陽宅四周的環境生態來鑑別吉凶。所謂看陽宅未入門，先看宅形，橫看豎看，周圍八方有無凹陷坑坎，再看門前街道來路與水法，房屋高低是否合適，有無逼壓沖射與空缺等等。陽宅外形有目共睹，吉凶易辨，故陽宅諸書皆以外形為第一，並且陽宅學中某些特定形狀的建物及其顏色與自然界之氣流、光線、水流、聲音、磁波等因素結合，而形成了對人體產生各種不同凶應的「煞」，稱之為形煞，陽宅形煞種類繁多，然而形煞會傷及家中何人以及發生的時間是有一定的法則，本書將其歸納分類並且將筆者累積多年幫人鑑看陽宅的化煞經驗及先人的秘訣一一公開，讓讀者可以撇開深澀、難懂的閱讀經驗，讓您輕輕鬆鬆瞭解風水的奧妙，迅速獲得您最需要的風水堪輿知識，達到最有效的化解陽宅煞氣之目的。

由於風水堪輿學在不理解的情況下常被外界誤解成神秘文化，相對的我們卻發現有歐、美、日、韓等國際學者競相對這門瑰寶學問做專題研究及研究論述，筆者於二〇一四年十月受邀參加了中國閬中〈第二屆天宮易學風水文化國際論壇暨天文與易學研討會〉發表專題論文，研討會中遇到了十六國的外國學者，他們同樣穿著唐裝手拿羅盤，對風水堪輿的發揚及研究心得一一在大會中論述，筆者身為風水堪輿學的專業研究執業者，義不容辭的將國內所研究的命理堪輿風水之精髓介紹給國外的諸多研究學者，以期能將風水命理之學弘揚世界。

筆者將個人數十年堪察陽宅的經驗，參考古書經典，採擷坊間各大師前輩的著作精髓，以及師門所授之精華而編著成本書，期盼能將本書做為初學風水者或專業考證者的便捷參考用書，藉此達到拋磚引玉之效，同時消弭外界認為風水命理的神秘性，引領大家探索出規律性、實用性、客觀性及價值性的實用學問，進而轉化出科學性的內涵，並發揚傳播到世界各地來惠及世人，使讀者能實際將風水應用於生活之中，就如同現今的雲端科技一般，風水一樣能打造出雲端的宅基生活，讓「城市鄉村化，鄉村城市化」，讓城鄉融合為一體，達到人宅合一，進而能達天人相應，讓天地人三才相生的能量容為一體，也就是善用風水之學可使人類的生活達到天人合一，讓人類的生活環境達到宅人融合的新境界，打造出健康的環境，創造出健康的生活，培養出健康的身體，營造出健康的觀念，使社會和諧讓人類未來能盡情享受健康、環保、便捷、舒適又休閒、安全的全新宅居生活方式。

今逢本書之付梓，特此感謝至交好友陳啟銓老師、白漢忠老師熱心提供部分相關照片和資料，謹此致謝，並感謝紅螞蟻圖書公司及創辦人李錫東先生的鼎力支持，齊心戮力促成本書之出版問世。

謹序

目錄

陽宅經典案例及風水小故事 250

前言

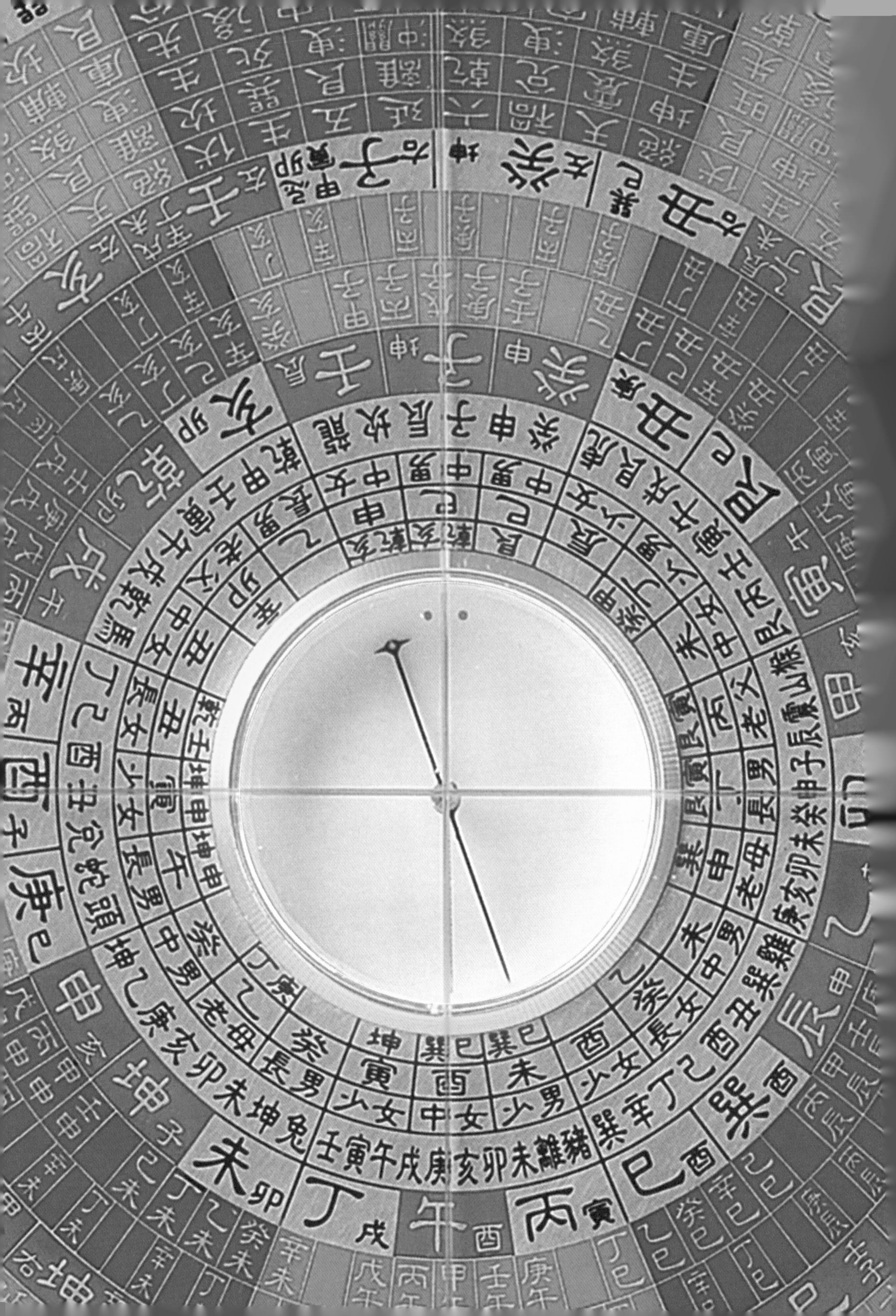

前　言

俗話說得好：「易理通，萬理徹。」曾經有研習過梅花易的朋友問我：「據說，面相學最難的地方是看氣色，氣色一觀而定，但看久了反而難辨其真，很類似我所學的梅花易數、心易占算，這些學術都非常注重觸機感應的剋應。敢問張老師您替人鑑定陽宅時，是不是也注重觸機感應？」

我像任何學過手面相、命理、風水地理的朋友一樣，除了自我興趣有所專精外，梅花心易也曾經研究過一段時日，並以教學相長之益，而傳授心易神卦之學（筆者曾與入門弟子黃家瑜老師著述《十二天改變命運》的書籍，用以論述梅花心占之靈動力。），我馬上明白他的意思，毫不遲疑的回答：「凡有生命之生物，皆具有其直覺性或反射性的本能與潛能，在我們人類而言，除了視覺、聽覺、嗅覺、觸覺、味覺之五種感覺而外，還有我們一般稱為第六感的『靈感』，見到人事物或接觸人事物時，就預感或預知此人事物的發展演變，我還沒有這種類似神通的靈感能力，但是我的陽宅學之涵養還算是比上不足，比下有餘，所以替人家鑑定陽宅風水的時候，看到人家居家住宅的坐向、基址、格局、門路等等馬上會聯想感應到是不是和我所學過、經驗過的雷同類似，然後加以詳細細心的鑑定！」

這位朋友接著又問：「請教張老師，不知老師有沒有學過梅花易數，在書中有〈相宅洞玄歌訣〉一文，不知是否可以當作鑑定家居宅相的參考？」我接著回答：「相傳有牛思這麼一個人，能夠在進入人家之居家住宅時，憑著他的經驗、感觸、見聞而判斷吉凶剋應，立即判斷人家家運之好壞和現今的形家相宅法有點雷同，接著袖中捏指課卦起算，並細告吉凶好壞及應該如何處理、改變、適應等，他將他的相宅經驗作成〈相宅洞玄歌訣〉而留傳了下來，現在仍然值得居家者與相宅者共同參考。」

「大抵上，陰陽二氣流行天地之間，吾人稟天地之氣生於天地之中，陰陽二氣形成了天道、天理，換句話說，天地運行造成一個大磁場，大磁場又容納了許許多多無數的大大小小磁場，每一個人有個人的小磁場，每一戶人家又組成一個較大的磁場，每一條街或每一棟公寓又組成一個空間更大的磁場，這些無數的大大小小磁場都順應著天地運行的大磁場一起運行，俗語所說的：『順天者昌，逆天者亡』，就是這個陰陽二氣運行的易理，一時很難說得清楚，將來我將會撰寫一本《談天文、說地理、話人生》的書籍，還會談到陰陽天地的學問………。」

我雖沒有把話說完，這位朋友因為學過易經與梅花易數，已經明白我的意思，所以本書當我要開講陽宅風水的形煞學以前，特別先介紹一下《梅花易數》書中的〈相宅洞玄歌訣〉。

從相宅洞玄歌訣談起

〈相宅洞玄歌訣〉是這麼說的，歌曰：

人家吉凶何以見，祇向玄中判。
入門辨察見聞時，於此察興衰。
若還宅氣如春意，家宅生和氣。（一家人和睦、和氣。）
若然冷落似秋時，從此漸衰微。（宅相如面相，宅相由人生，家人疏淡，宅氣亦冷漠。）
自然馨香如蘭室，福至無虛日。
雞豚貓犬穢熏腥，貧病至相侵。
男妝女飾皆齊整，此去門風盛。
家人垢面與蓬頭，定見有悲憂。
鬼啼婦嘆情懷悄，禍害道陰小。
老人無故泣雙垂，不見曰愁悲。
屋宅門前牆壁缺，家道中消歇。
溜漕水勢向門流，財帛永難收。

《梅花易數》相傳為宋代易學家邵雍所著，
後世稱其邵康節是北宋五子之一。

忽然屋上生奇草，益蔭人家好。

門戶幽爽絕塵埃，必定出高才。

偶懸破履當門戶，必有奴欺主。

長長破碎左邊門，斷不利家君。

進門臨井桃花艷，內有風情染。

屋前屋後有高桐，離別主人翁。

井邊倘種高梨樹，長有離鄉土。

祠堂神主忽焚香，火厄恐相招。

（香腳太多而產生發爐，發爐也，室氣乾燥，人亦氣燥，輕欠和，重則災厄至。）

簷前瓦片當附墜，諸事愁崩破。

若施破碗廁坑中，從此見貧窮。

白晝不宜燈在地，死者還相繼。

公然鼠向日中來，不日耗資財。

牝鷄早晚鳴咿喔，陰盛家消索。（瀟索）

中堂犬吠立而啼，人眷有災厄。（狗吹雷）

清晨鵲噪連聲繼，遠行人將至。

蟒蛇偶然入人家，人病見妖邪。
雀群爭逐當門盛，口舌紛紛定。
偶然鶂鵝叫當門，人口有災迍。（鶂鵝，皆水鳥）
入門若見有群羊，家主病瘟黃。
舟船若安在平地，雖穩成淹滯。（舟無水不行，運雖穩而不行。淹滯有才而淪於下位。）
他家樹蔭過牆來，多得橫來財。
階前石砌多殘折，成事多衰滅。
入門茶菜應聲來，中饋主家財。
三餐時候炊烟平，家道漸基好。
連宵宿火不成時，人散與財離。
千門萬戶難詳備，理在吾心地。
斯文引路發先天，深奧入玄玄。

觀之〈相宅洞玄歌訣〉雖以明清時代之生活背景為經驗立論，卻已描劃出生活作息正常為福吉的「平安就是福」的觀念，一個

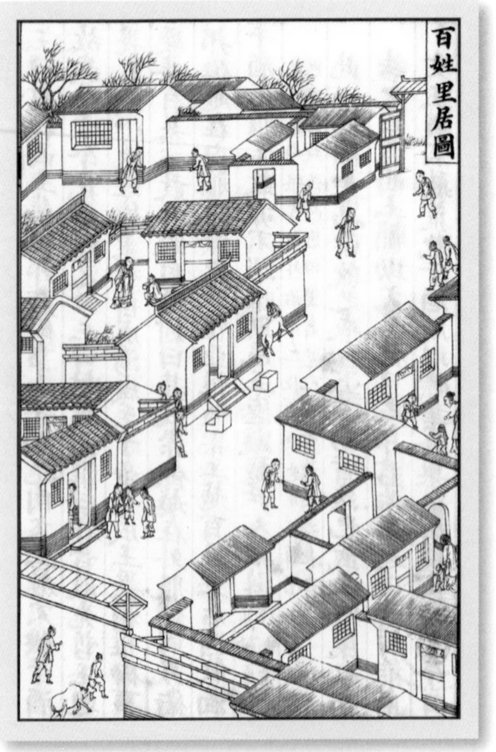

人與家居住宅互為感應互為因果表裏關係。

人但得生活正常，其事業、婚姻、家庭亦自然順遂平安，一個人如果作息失序無常，暗示其事業不順，本人欠安，並且可能影響到親子失睦、夫妻欠和。

總之，人與家居住宅互為感應、互為因果表裏關係，從一個人的言語衣著舉止，可以推測其家庭家教的大致概況，從其家宅的整潔與否，亦可以聯想判斷其人心地善惡、財官吉凶好壞之情形，這個道理就是本於於「相由心生」的原理，家宅有宅氣，宅氣與人互為感應消息，所以常見一棟公寓或一條街，如果有人生病、車禍，就接連發生；有人升官發財，亦接連發生。這是非常有趣，而且是非常值得玩味探討的問題。

在現今科學昌明的時代，教育水準普遍提高，關於陽宅風水學的流派眾多，相信一般大眾心中總是會有些疑問？到底哪一派風水理論較好？對於外行人要通達陽宅的基本觀念，應該從哪裏開始學起呢？筆者認為不論何門何派，初學者可以先從陽宅的內外煞入門，也就是巒頭之學開始學起，因為風水地理學乃中國人流傳數千年的學術，雖然以現代科學的角度來講，有人說風水是迷信的，但是近年來不只是中國人不斷的開發古人的學術並注入了現代的生活習俗和建築形態加以融會運用，同時更引起了西方國家的關注，著名的美國生態設計學家約翰 • 陶德指出：「中國風水具有鮮明的生態實用性。」享譽全球的美國建築學家吉戈蘭尼認為：「中國的住宅、村莊和城市設計具有與自然之和諧，並會隨大自然演變而產生轉換的獨特風格。」這些觀點都充分說明了，中國風水地理學的精髓，就是達到人類與自然的和諧，進而創造幸福和樂的生活，因此中國的風水地理學具有高度的實用性與科學性及價值性的存在。

風水學的由來源由

早期的風水是以山形水勢配合陰陽五形來論吉凶，沒有門派之分別，隨著易理、玄空、九星等術數的發展，風水學理更加複雜化、具體化、多樣化。特別自明清以來不少地理家紛紛開宗立派，將古書上原有學理加上自己的觀點、經驗，演化之後創立新的宗派以區分原來的宗派，用來標新立異，別樹一幟。其中亦不乏之有新的觀點可以借助學習的東西，而胡亂編寫的也不少。研究風水學術的學者應該博覽群書，通曉各派才能去偽存真，更上層樓，對於實用的部份應該加以學習及利用，對那些不實用的新創作也應該要有眼光去判斷其是與非。

中國的村莊和城市設計與自然融為一體。

俗語說得好：「窮燒香算命，富相地謝神。」一般人都有相同的心態，窮的時候，拚命賺錢而賺不到錢，只好拜神拜佛的祈求神明菩薩保佑，或算命以預知未來，希望未來能夠富有，而一旦富有之後，一樣有金錢財富的困擾煩惱，明知道榮華富貴只如過眼雲煙，生不帶來，死不帶去，仍然希望把榮華富貴留傳給子子孫孫……。

據說黃帝時代發明了指南針與建築宮室，不期然的流傳下二部《黃帝宅經》之書，一部談陽宅；一部論陰宅，並且傳說九天玄女也留下了《青囊海角經》，漢朝時有一位青烏先生寫了一本《葬經》，到了晉朝郭璞（字景純）先生註釋《葬經》而作了《葬書錦囊經》傳世。

三國時代的魏國管輅字公明，管輅自幼便喜仰視星辰，夜不思寐。父母不能禁止。常云：「家雞野鵠，尚自知時，何況為人在世乎？」與鄰兒共戲，輒畫地為天文，分佈日月星辰。及稍長，即深明周易，仰觀風角，數學通神，兼善相術，所占無不應驗，嘗嘆自己壽短而對朋友說：「我恐怕只能夠活到四十八歲而已。」果不其然的就在四十八歲

漢武梁祠石拓銘曰：「黃帝，多所改作，造兵、井田，垂衣裳，立宮宅。」

鎮江市"百忍家風"門頭石雕，內容敘述神卜管輅的傳奇故事。

那年就逝世了，好像害怕不死就會破壞他「神卜」的名譽與形象，說死就死了，只留下了《管氏地理指蒙》，把古代《生死輪迴》的觀念，非常抽象的闡述天運無窮的道理，用生死對待之理說明「道」之無窮，而有無往來就是「道」，該書一直被認為是天地之學的經典大成。

管氏地理提出了有無往來的觀念，他說：「五太之先，三才何有。一元已判，五氣（未見氣曰太易；氣之始曰太初；形之始，曰太始；質之始，曰太素；形質具，曰混沌；具而未離，曰太極。太極生而乾坤既判，天地之氣各有專墟。五氣，五行之氣也。）乘虛，虛變而運，五運交通其氣，而神明已居。氣著而神，神著而形，形而有者，皆始於無，無變而有，有窮而變，變之道，必復於其初，形復於神，神復於氣，往來一氣兮，理何殊於轉車。」

故曰：「一氣積而兩儀分，一生三而五行具，吉凶悔吝有機而可測，盛衰消長有度而不渝，五祀命之，奕奕五宗之裔，五常性之，昭昭五秀之儲。象吉凶以垂，天示其文之不拘。天聰明而自我原其道以相須。況吾身參於天地、靈於萬物，經綸五常，操持五正，俾五福六極，以摻而以舒。挺然而生者，死之先，寂然而死者，生之息。理不終息，故息之之道，為生之樞，生者有也，死者無也，無者往也，有者來也，往來無窮者，其為道乎。」

郭璞的《葬書錦囊經》又被稱為郭璞古本葬經，他舉水氣昇降解釋說：「葬者，乘生氣也。夫，陰陽之氣，噫而為風，升而為雲，降而為雨，行呼地中而為生氣（按：地下水藏於地中不可見，古人臆其為生氣而能生長萬物。）生氣行乎地中，發而生乎萬物。人受體於父母，本骸得氣，遺體受蔭。蓋，生者，氣之聚，凝結者成骨，死而獨留，故，葬者，反氣內骨以蔭所生之道。」

於是，從郭璞的《葬書錦囊經》中引用了下列的經文：「氣乘風則散，界水則止，古人聚之使不散，行之使有之，故謂之『風水』。風水之法，得水為上，藏風次之。」所以後來的人就通俗化的把「堪輿學」稱為「風水學」，簡稱為「風水」。

晉朝郭璞塑像

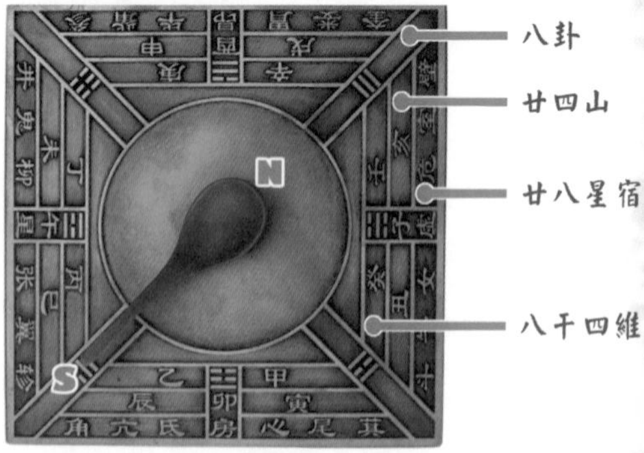

司南相傳是中國春秋戰國時代發明的指南器，司是指的意思，可以稱為羅盤的前身，此圖為模擬之模型。

清朝編定的《欽定書經圖說》中的〈太保相宅圖〉描繪召公到洛陽為成周洛邑卜宅選址的情形，文中記載了「體國經野、辨方正位，卜食洛邑、攻位洛汭」等行動，堪稱風水堪輿之例証。

風水之學就是天地自然之道

堪輿學又稱為相地、宅相、卜地、圖墓等別稱，俗稱風水學，內容包括陽宅學與陰宅學，活人住的是為陽宅，往生者住的是為陰宅，神仙聖佛住的叫寺廟、殿堂、宮觀，無論陽宅、陰宅皆是以五行生剋之易理，為最主要的推理依據，若要研究吉凶可依「形勢」和「理氣」二個系統來研究探討。

風水學是中國傳統文化的一門深奧學科，是為綜括天文、地理、環境、建築、園林、路、橋、景觀、水流、預測、統計集成於一體。經五千年歲月的檢驗、求證、研究、實踐、應用、改良、改變、改進，有它的一整套規律和理論，歷代列為方術和方技之範疇。

風水學的「風」是重視「生氣」，視「生氣」為生命（旺）之氣，即陰陽交感能生萬物之氣，亦可稱其為構成生命的要素，其在地上的一切皆本源於天上（體）且陰陽之氣在「地中」可展現「地氣」的特質，此生命之氣可從有機生命體演

萬物受陰陽之
化支配，按照
時變化而盛衰。

替現象中發現。《葬經》從喪葬角度提出「風水」的概念。它認為埋葬死者應該選擇有生氣的地穴，才能使之再生而蔭育其子孫。風水同時也提到「氣」的概念。氣是萬物之源，有聚有散，有行有止，聚則成行，散則化體。大自然中運行之氣因風與水的激盪與調和關係而凝於地穴，這可通過地形查看，認識風與水的特有關係，選擇地形，這就是「風水」。風水展現之地氣，視為生命之氣，可以從有機生命體演替現象中發現。所謂「大地」為萬物化生之所。

《葬書》：「夫土者氣之體也，有土斯有氣。」「五氣行地中，發而生乎萬物。」經曰：「土形氣行，物因以生。」說明瞭地氣依附在土的存在現象，並運行於中發揮而生萬物，故大地亦可稱為萬物之母。《易經》坤卦彖辭：「至哉坤元，萬物資生，乃順承天。」並進而轉化成「有土斯有財」的觀念。

風水強調氣與水的關係，認為氣是構成萬物的精微原始物質，氣由本體道產生。氣與道不同，道是無形無象、無限廣大的；氣是有限有邊際的。氣產生天地，氣的清陽部分散佈而成天，重濁部分凝聚而成地。天地形成之後，天地之間的萬物得以產生。氣又叫「精」，有陰陽之分。陰陽精氣化生天地萬物，歷經氣到「無始」到「有始」，再到「有有」的過程。

氣之所以能化生萬物，是因為氣內部包含既對立又統一的陰陽兩方面。陰陽二氣絪縕運動，對立交感，萬物就在此過程中產生。天地萬物均受陰陽之精氣而成；太陽、月亮、星辰積陽氣（火氣）、陰氣（水氣）與日月散逸的精氣而成。因此自然界日月星辰，雷電霧露，風雨霜雪，飛禽走獸，魚蝦鼠蟻，森林萬象，無不是陰陽二氣相薄相感、強弱施化而成。這些物類形成之後，依然受陰陽之氣的變化規律的支配，按照陰陽四時變化而盛衰生息，產生了生旺休囚之象。

因此，陰陽變化規律是氣的運動規律，從自然到人類的生息變化，都是「陰陽之氣相動」。在人體的生命運動過程中，陰陽之氣遵循著「和」的法則，其具體表現為人的形、氣、神三者的協調平衡。形體是生命寄存的軀殼，氣是構成生命的物質，精神是調節生命運動的機制。三者的協調平衡，是靠陰陽之氣的「和」來實現。社會是人類合群生息的系統，自然萬物與生命機體一樣，都存在著陰陽二氣的運動，也遵循著陰陽二氣穩定且平衡的安定「和」的規律。「人氣」同天地之氣、陰陽之氣一樣需要「和」，這與《易經．繫辭》所說：「一陰一陽之謂道」；大道太上老君曰：「萬物負陰而抱陽，沖氣以為和」的道理相同，因為這樣社會才能安定和平。

陽宅風水的基本原則：形勢、理氣

自古以來，風水堪輿之學大致分為「巒頭（形勢）」與「理氣」兩派，總的來說，巒頭派主要特色為觀察山川之形勢，尋找龍脈結穴之地，我們日常用語中的「來龍去脈」一詞，典故正是由此而來，因此巒頭又稱為形勢派，至於理氣派則是依據河圖、洛書的原理，再輔以易經八八六十四卦、十天干、十二地支及五行四象的生剋制化和陰陽消長的遞演為基準，運用在羅盤的二十四山當中來尋找吉祥的方位、座向，理氣就是應用易經之理加在羅盤上面，在諏撰吉日方面再輔以奇門遁甲與天星擇日的方法及配合九天玄女一二○甲子擇日法門配合玄空大卦易經六十四卦卦氣卦運並參酌八字紫微命盤宮位法，以決定堪輿之吉凶好壞與應驗的時間。

氣產生天地，氣的清陽部分散佈而成天，重濁部分凝聚而成地。

簡單來說陽宅風水大致上可依「巒頭（形勢）」和「理氣」兩大原則來論述。「巒頭法」是為地形法，是依據陽宅周圍的大環境、峰巒、河流、地形、地勢、地氣、道路、橋樑、街巷、附近建築物形態等等，根據不同的環境及水流動向組織安排佈局，故古人稱巒頭為「形勢」。

理氣派的基本宗旨，就是根據河圖洛書、八卦九宮和陰陽及五行生旺休囚的消長排佈規律，將天（日、月、星宿、氣候）、地（地理、地質、宅、舍宅、舍外圍景觀）和人（命、運、相）的「天

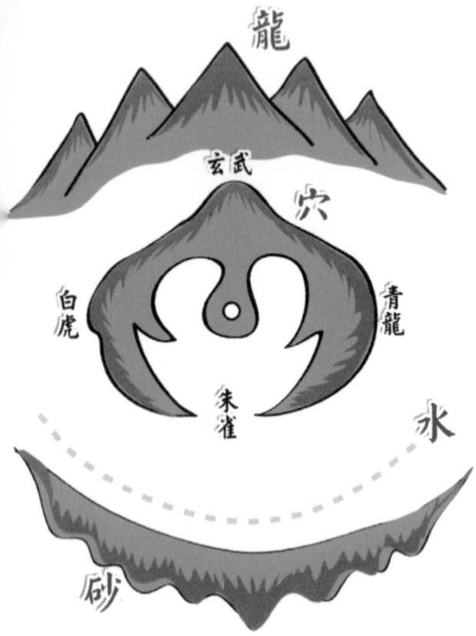

形勢派注重龍、穴、水、砂和定向，尋龍點穴，把地形及地勢以類譬喻，因形立名。

雲南省大理雲龍天然太極圖體現出自然與人文交融的奇幻美景，如《道藏・太極先天之圖》所說：「太極也者，天地之大本耶，天地分太極，萬物分天地。」

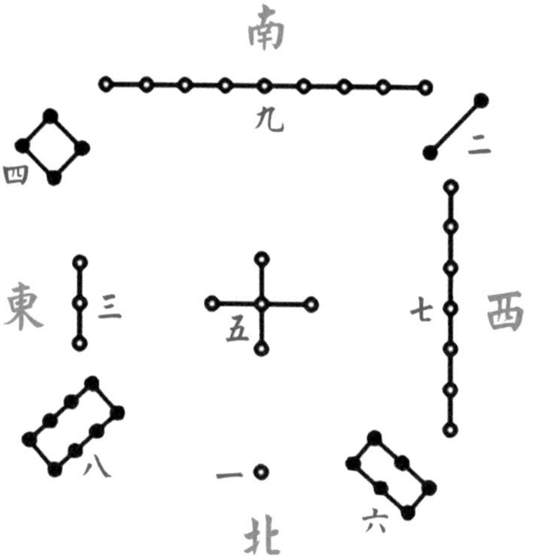

洛圖

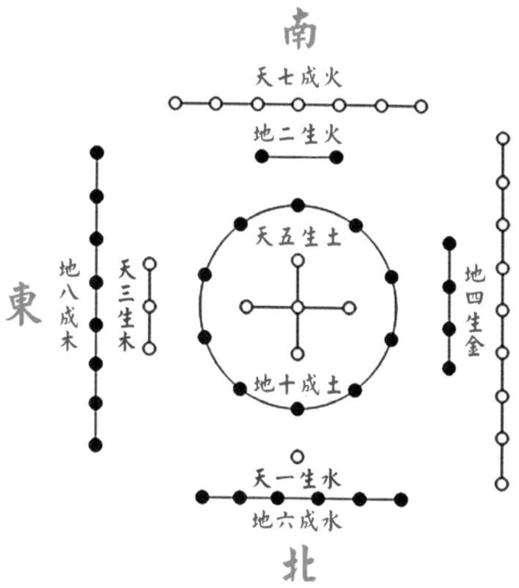

河圖

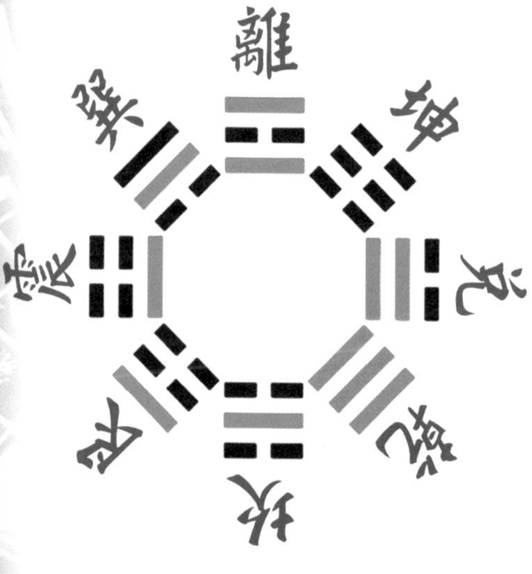

後天八卦

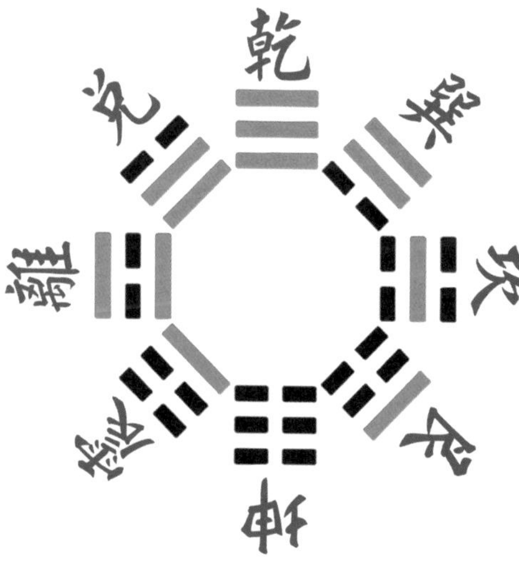

先天八卦

地人」時空關係聯繫串聯起來，分析其間的相生相剋，並運用羅盤來定位，具體而細微地做出方向、佈局乃至動工、入宅、開市營謀、安神、婚葬事宜的日課的選擇。

舉例來說鑑定陽宅風水時，首先強調的是本宅位置以及周圍環境來路與水路及方向，再加上氣候因素去建構出有利於人們生活的室內外景觀生態，室內的良好佈置及生剋的配合也可給人心裡有一種美的感受。按照現代科學觀點，就是探尋天、地、人三個磁場的統一，故論宅卦不論命卦，論命卦不論宅卦，皆為美中不足，應是兩者兼俱，方不失偏頗。

古云：「不知巒頭者，不可與言理氣；不知理氣者，不可與言巒頭。精於巒頭者，盡頭功夫理氣自合；精於理氣者，盡頭功夫巒頭自見。」風水嚴格地說起來就是形勢派和理氣派。它們的理論也是彼此滲透、互相融通的，這正是萬法歸宗之意。所以，學習風水學要對兩派的精華兼收並蓄。既要精通理氣派，也要吸收形勢派的精髓。但由於風水學門派繁多，有用和無用駁雜其中，學習者一定要去偽存真，去粗取精，不要走入風水學的誤區，或死胡同鑽不出去。

常常有讀者會問，風水地理環境對於陽宅及住在宅內的主人會有什麼影響？是開運解厄呢？是得名得利呢？或者是平安如意呢？還是災病不斷？官訟連連？是非紛擾？財庫破損？生不出子女？人事不和？這時若能善用「巒頭（形勢）」和「理氣」之學來歸納分析，加上現場實地觀察，並且有明師從旁解說指點，就能真正掌握其要點，進而明白如何佈局，在現今大小高低錯綜複雜的建築群中，如何看出納氣的關鍵之處是至關重要的，如此就可將錯綜複雜的問題迎刃而解。

例如風水地理環境不好，如住宅的前後左右有鐵路或機場，每日都是轟轟作響，所製造的震動和噪音與排放的廢氣，對一個人的身心健康影響很大，按照堪輿學來說，這是地脈不穩定而破壞了整個自然的磁場，又如屋宅後方有流水湍急，因前後水路一路通順的緣故才會導致水流湍急，山水嘩嘩作響亦會影響人的情緒，水有滲透力，若水流湍急則會對地質產生不良的影響，故對身心健康也會有所妨礙，而間接影響財運，因為沒有健康的身體就會造成，有官當不了，有錢賺不到，或者有事做不好等等，可見好的風水地理影響身體的健康及官運、財運甚大。所以居住的屋宅磁場安定，身心自然就安定，因為身心穩定思惟就靈敏，判斷力就準確，如此可以幫助各方面的發展。

又如中國式宅院以西北高、東南低為好。宅前最好有環抱的河川或池塘。凡地基寬廣，形勢方正圓聚，水

屋宅面對清潔隊會受到震動、噪音、光害與排放廢氣的干擾，對身心健康影響很大。

流彎泊，脈氣聚會則佳，或明堂得水逆朝者而又不直接沖瀉，且緩緩有情而入者，巨富，得高峰映秀，合於理氣者大貴。不可順水而居，主退敗不聚財，若有直瀉而去則一敗塗地等等皆是巒頭為體理氣為用的最佳例證。

風水學流派的歷史演進

漢代以後陰陽五行學說盛行，以陰陽為基礎的觀念形成五行、四方、天干、地支等概念。各種術數如卜筮、星占、相術、仙術等盛極一時，使風水學理論趨於成熟。重要著作如《葬經》、《黃帝宅經》、《撼龍經》、《疑龍經》、《青囊經》，凡此均對後世產生極大的影響。

到了唐朝對葬地的選擇越來越重視，不論陰宅陽

宅前最好有環抱的河川或池塘。

居，對山川形勢，宅墓方位、坐向等，愈來愈講究，並融入其中而成為不可或缺的一環。

宋元開始理學家針對易經理論演譯出太極與陰陽、八卦圖和理論闡釋，卦理被廣泛的運用。如周敦頤《太極圖說》中闡釋了他的宇宙觀：「無極而太極。太極動而生陽，動極而靜，靜而生陰，靜極復動。一動一靜，互為其根。分陰分陽，兩儀立焉。陽變陰合，而生水火木金土。五氣順布，四時行焉。五行一陰陽也，陰陽一太極也，太極本無極也。」

理氣偏重於方位坐向與陰陽五行的應用：主要有八宅派、命理派、三合派、翻卦派、玄空飛星派、五行派、玄空大卦派、八卦派、九星派、奇門派、陽宅三要派、廿四山頭派、星宿派、乾坤國寶龍門八法、金鎖玉關派、玄空六法派…等等。

既然能稱得上門派的都有其社會背景才會產生。而由於人為的添加更異，更使得有些門派早已遠離了原本創作者的理念，如八宅派，有的是以坐山為依據來論生氣、五鬼、延年、六煞等，另有一派，

風水堪輿之學經過歷代先賢的擴大發展，終於形成百家爭鳴的盛況。

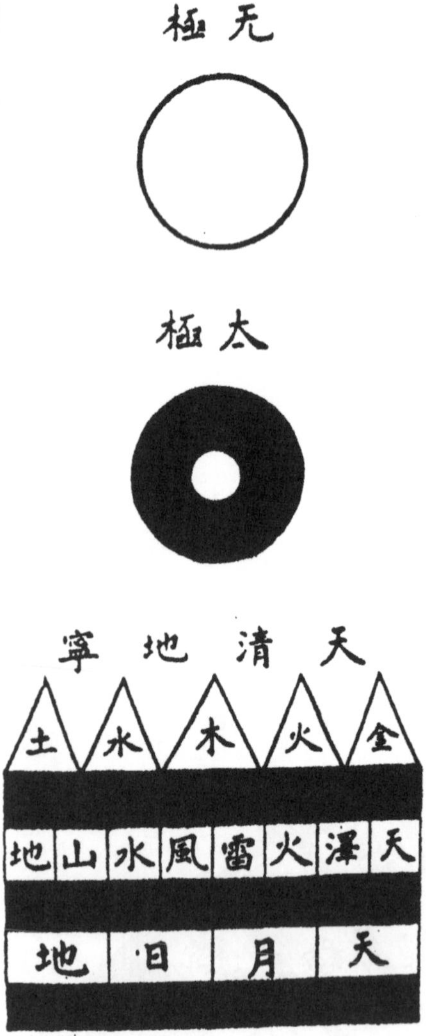

因受《周易・繫辭傳》的啟發，宋代周敦頤在《太極圖說》中闡釋了其精妙的宇宙觀。

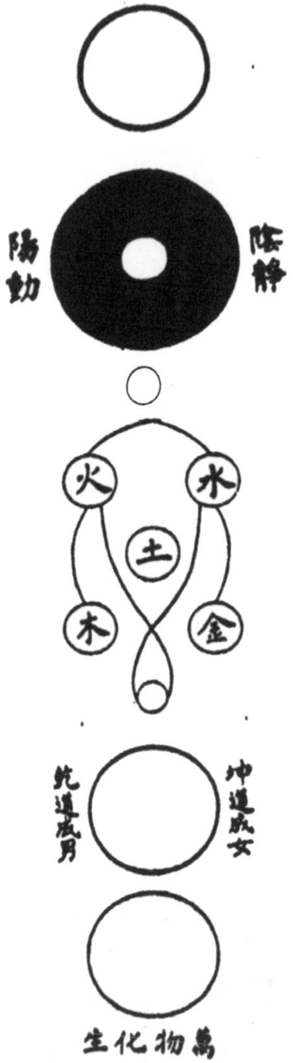

《易經・繫辭傳》：「易有太極，是生兩儀，兩儀生四象，四象生八卦，八卦定吉凶，吉凶生大業。」

則是以向上來論生氣、五鬼、延年、六煞等。兩者差異極大。另有八宅後天派者，其論法與此更是迥異。又如三合派，有以正五行，也有以向上論長生、沐浴、臨官、帝旺，也有用陽順陰逆、陽死則陰生論之，兩者也差異極大。

目前堪輿很流行的玄空飛星派也有多種版本，一般常用的運盤，是以當運的九星入中順飛九宮，也有一派運盤是根據陽順陰逆，單數元運為陽，偶數元運為陰，以此排運盤取用陽順陰逆，排出的飛星絕對不同。星宿理氣消砂也有多種派別，有採用開禧度消砂，認為天星永遠不會變，也有採用時憲度消砂，亦有用隨流年校正的二十八星宿消砂。

至於玄空大卦用於陽宅理氣，有認為大門氣口要取零神為用，另有說法，大門氣口要

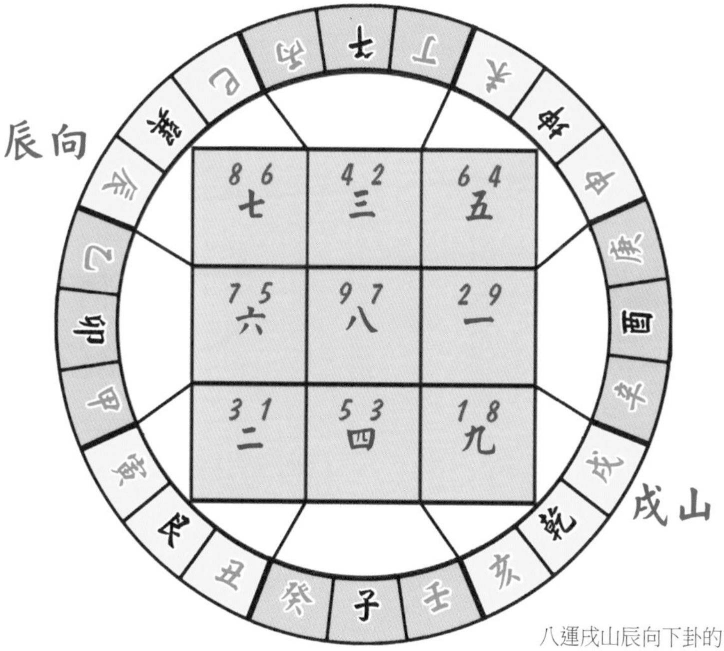

八運戌山辰向下卦的玄空飛星盤。

取當旺正神為用。現代都會區大樓林立，陽宅的坐向如何判斷取用，有認為一律以一樓大廳的門向為坐向，有認為以馬路方為向上，也有學者認為以大門為向上，如此分別之，則飛星取用大為不同。堪輿界凡此種種現象不勝枚舉，但是有經驗的堪輿師不會預設立場，一定是親臨於現場，然後從現場龍穴砂水向的各種生態條件因素，以此來歸納出要採用要以那一門派的理論為主軸，那些其他門派為輔，以為判斷吉凶的依據，及做為造作、佈局、裁剪、添補、消納之根據。

如龍穴砂水向，縱美好到十分，只主豪富人丁壽考，而文昌、貴人星會不著，科甲終不可得也，所以往往有地非吉穴，而亦出科甲者，必是其穴之前、後、左、右砂水有文昌貴人星相會，但發科甲不得大貴，或旋即止之，其久與不久，就要再從理氣上著手並分別，看卦運與元運，一元有一元之氣運，一運有一運之用法，當令之運，二十年，一小遷移，六十年，一大更運，百八十年週而復始。

看地之法，先以形勢為體，理氣為用，形勢一錯，則體非其體，用非其用，無往而不錯矣，故應以勢為專主，深明龍穴砂水向之法，則於地理一道，亦登入堂奧矣。以上具有的外在條件，須得龍脈真穴方能應之，故而堪輿者巒頭形勢為先為體，理氣為後為用，須體用得法，先後有常則方顯其靈驗，程子曰：「卜其宅兆，卜其地之美惡也。地美則神靈安，子孫盛。若培壅其根，而枝葉茂，理固然也。」蔡季通：「生死殊途，情氣相感，自然默與之通。」

一年又有一年之運，一月又有一月之運，得其法而用之，除了看龍山向水合局與否，也就是會因特定人，去做特定適任的情事，在對的地方，並在對的時間點上，去作特定的某種事情或作特定的某種選擇，如此方能顯現發揮其吉兆也。

環顧我們周遭的環境，擁擠的交通讓人覺得危機四伏，或是工作壓力、人事上的失和，會有喘不過氣的感覺，又如出行失事、求職失意、投資失誤、生意沉浮、買賣失算、升遷失利、考試迷惘、子女學業不佳、或子女難以管教，行為叛逆，家中生不出子女，旅遊出岔，愛情不如意、身體違和、家人不和諧、出外不得貴人緣、家宅居之不平安等種種的煩惱常困擾著。當您面對了人生這許多不盡如意的事務，更需要有正確的分析、判斷，所謂天時、地利、人和的掌控，以為改變人生逆境，不論在任何角落，或者是進行風水佈局，都可運用以及掌握到天地自然的好磁場，方可發揮神奇的功效，即使在不利的情況下，也能作出明確的決擇，讓您減少一些人生的逆境，增加成功的機會。

風水與環境美學

要解決人們所面臨的自然環境問題，以及如何提升日常生活品質。先民面對大自然的種種變幻，嘗試賦予一個秩序，第一個要處理的便是日升月降，風雨雷電如何產生，及其遞演變化和相應對待之關係，而大地與萬物是如何出現，何時產生興衰枯旺、興旺死絕之遞演循環。

風水學也可說是研究人類生存之宅居以及往生者之墳地的環境美學。當人走到一處青山綠水、山明水秀的地方時，人就會覺得心曠神怡，走進一間寬敞明亮的房間時，人就感到很舒服。反之，到一處窮山惡水之地，或是到了一間低矮潮濕的房間裡，人就會感到極為難受，這種情形古人稱之為「風水」，現代人稱之為「生態環境」、「環保」或「景觀」。

舉凡河流交會處，交通便利，也利於生活取水以及農業生產。早在六、七千年前的仰紹文化時期聚落的選址，就已經有了很明顯的「環境選擇」的傾向，在當時先民對自身居住環境的選擇與認識已達相當高的水準。其表現主要有：

1、靠近水源不僅便於生活取水，而且有利於農業生產。

2、位於河流交會處，交通便利，有利於貨物的交流及商業的蓬勃發展。

3、處於河流階地上，不僅有肥沃的耕作土壤，而且能避免受洪水侵襲。

4、處於山坡地時，一般選擇向陽坡以為居住平安興旺之舉，如半坡遺址即為依山傍水、兩水交會、環抱的典型格局。

中國常見的背山面水的村落，就是具有生態學意義的典型環境。其科學的價值是：

1、背後的靠山，有利於抵擋冬季北來的寒風，利居者之安穩。

2、面朝流水，即能接納夏日南來的涼風，並有利於聚財、納財、生財之效。

3、享有便利之水路交通，以為貨暢其流利於商業發展。

4、朝南之勢，便於得到良好的日照，求居者平安健康之兆。

5、緩坡階地，則可避免淹澇之災，避開天災地變之禍。

6、周圍種植樹木，即可涵養水源，保持水土，又能調節氣候，以及調節空氣中之濕度和淨化空氣，利舒適便捷健康怡心之勢。

這些不同特徵的環境因素綜合在一起，便造就了一個極為有利的生態環境。這個富有生態意象、充滿生機活力的城市或村鎮，也就是古代建築風水學中始終追求的風水寶地，它不但有其深厚的文化背景，同時又有著非常合理的科學依據。

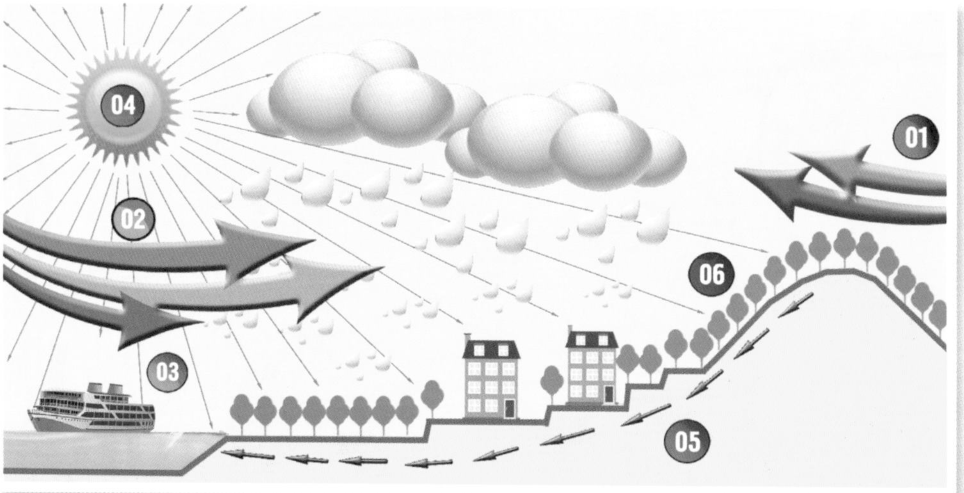

中國典型背山面水村落的生態環境圖。

風水的哲學觀

天文和地理就是時間和空間，而時間觀和空間觀最初始和最根本的表現就是天文曆法，人文之初，正是天文曆數，建構了社會的時間節律和空間模式及生活生產營謀，規範了人們的時空觀念。時間和空間是人們的宇宙觀和社會的秩序賴以奠立的基石，有了曆法，浩瀚的星空、蒼茫的大地變得輪廓分明，井然有序。從此而後，天有分野、地有經緯、天地間芸芸眾生歲月中紛紛擾擾，過往世事，人間煙雲都在這個秩序中表示出各自的意義與變化。

依中國人的哲學觀念而言，在這些變幻莫測的因緣裡，風水堪輿的理論最能指出世間百態的立體和繁複性，中國文化講究的是

北京古觀象臺建於 1442 年，是明清兩代的國家天文臺，也是世界上最古老的天文臺之一

和諧與順應自然的哲學觀，從而反映在時間和空間的風水觀念則是隱約、曲折、變化，又合於中道的思想，且又與自然相融又符合了實際的生活應用，而又能洞見生命紋路的神秘之網。

天有天理，人有人理，地有地理，堪輿學術是結合天、地、人三才，研究天文、地理與人事之間的相關變化，相互為表裡的因果關係，三才互相呼應的知識體系也必須有人的智慧配合，才能夠理解世事遞演變化的奧秘。

一般人對堪輿學術瞭解有限，越是有錢、有勢、有地位的人家，越重視風水的禁忌規則，所以官府、財團、企業界、豪宅的風水可以說絕大多數都延請堪輿專家來佈局，用很多巧妙的設計和嚴格的把關，現今

漢唐時期，閬中是中國古代天文研究中心，著名天文學家落下閎創制了《太初曆》和世界第一台渾天儀。

連外國人也競相的研究宣導風水堪輿之學。

一般民眾有信！有不信！有的家中成員長年健康出問題，甚至有雜七雜八的怪病治不好，有的是家庭親子關係出問題，有的人用盡各種醫學方法就是生不出小孩，有的是事業起伏無常，有的是錢財不聚小人多多，賺錢總是成空來去如水流，有的意外傷害連連發生，升遷總是擦肩而過，小孩叛逆學習成績不理想，這當然有許多原因，其中有些根本是陰宅或陽宅出了大問題，造成許多的不幸，但卻還不知為何一再發生相同的災禍問題之原因所在，實為人生一大憾事。有鑑於此，本書將從實際現場的陽宅形煞操作做精闢的解說，使老祖宗的智慧能發揚光大，並以科學的角度來揭開風水堪輿學神秘的面紗，使一般社會大眾都能瞭解最基本的陽宅形局和煞氣，以為趨吉避凶，漸次深入風水堪輿學的堂奧。

2014 年 10 月中國閬中國際研討會，作者與各國來訪學者合影。

作者與多國專家學者經驗交流。

風水的科學印證

風水之所以受到人們的特別關注，追根究底是因為人們隱隱約約的意識到，風水對個人或家族的富貴貧賤、興衰壽夭有著很密切的關聯性。從現代射電天文學的原理來論，氣是構成世界本元的元素，它無所不在，山中有氣是為活山，則林鬱蒼翠，生氣蓬勃，鳥語花香；水中有氣，則流水潺潺，草木欣欣向榮，魚蝦潛遊活潑；人得氣而精神飽滿；地得氣而滋生萬物，射電天文學家研究得到一個結果，說明氣是為宇宙間的微波幅射，包括星球的電磁幅射，而風為送氣之媒介，但風有強風、烈風、和風、大風、冷風、寒風、颱風、颶風、龍捲風、微風、暖風、迴風、滯風、清風、涼風、焚風，而風水正是強調避開強風而要微風的道理，這就是所謂的「藏風聚氣」，這也符合科學的理論。

光的散射現象可以觀察到光波環繞微粒而向其四周放射的光。

年愛因斯坦提出了光電效應的光量子解釋，人
始意識到光波同時具有波和粒子的雙重性質。

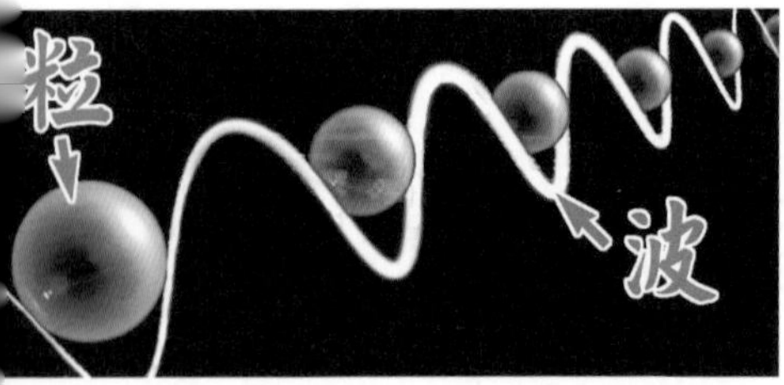

物质的基本粒子具有波粒二象性，既是粒子又是波。

從不同角度觀察同樣一件物體，可以看到兩種迥然不同的圖樣，波粒二性就是這個意思。

氣是為宇宙間的微波輻射，包括星球的電磁輻射，而風為送氣之媒介。

光的要素來自太陽光，但光的本質是電磁波，俗稱七色光，光有波和粒子兩種性，是為波粒二性，因此光也是一粒粒的粒子。而水可收攏宇宙之氣，科學家也認為超微粒子和磁場對人體及自然界中任何物質都會產生有磁量場的作用，超微粒子和磁場這些能量也隨著自然界之改變而改變，也可隨著人體自身的場態能量訊息之改變而改變。

為什麼陽宅或生基祖墳會影響一家人的吉凶禍福之科學應證

因為地球是一個大磁場，地球之磁性有記憶功能，有傳播功能及轉化為電能磁量之功能，因此可知地球之地磁場可習慣性的記下每個地區及這個地區周圍的山山水水的各種訊息而發給它相同等量的能量訊息，但當您祖先的骨骸或是您做富貴生基的血磷子及自用吉祥物埋入地脈後，就可在自然界的轉化中產生一種帶有骨骸血磷子信號的電磁波與山水的原本資訊能量結合而轉化成一種特殊的資訊藉由風的傳送到各個空間而影響外界的吉凶好壞。

但這些訊息能量波又為何只影響到自己或自己的子孫呢？因為您的生基有用您的血液所調製的血磷子和其他您所用過含有您 DNA 的的吉祥物，例如您的頭髮、指甲、血液或住家或辦公室有您用過的、穿過的許許多的物品，其中已含有您的 DNA 之氣息。至於祖先的骨骸在遺傳學的 DNA 上，有與您相同的遺傳基因，及物質不滅定律上所顯現的生物電磁波，且祖先遺骸中又有與您相同信號

地球之磁性有三大功能，記憶功能、傳播功能及轉化為電能磁量之功能。

的血磷子，故可見您的祖先之骨骸及您的富貴生基中之吉祥物，或您居家中的一切物品皆有與您及子孫的生物電磁波是同位元資訊。而經由地磁能量訊息的轉化和風的傳播和記憶，就能與您產生感應和溝通，正如收音機、電視機，要收看電視及收聽廣播電台節目必須具備同頻道、同赫磁才能接收到電視、電台的節目的道理一樣。

也就是當人接收到您的祖先之骨骸及您的富貴生基中之血磷子之電磁信息後，就在人的體內產生一系列的物理及化學反應，而人體含有75%的水份，而水可收攏宇宙之氣的能量場，此即風水地理家之所謂的「山川有靈而無主，祖先之遺骸為有主而無靈」，故祖先之遺骸得山川地理之靈氣而蔭育自己的子孫發富、發貴、發財、發丁及添壽之蔭佑也。故而從現今之科學理論而言，風水是地球物理學、水文地質學、環境景觀學、宇宙星體學、地球磁場方位學、人體生命學、生態建築學、氣象學等等，合為一體的綜合性科學，因此風水學為大自然科學，正如道德經所闡述：「人法地，地法天，天法道，道法自然。」因此人類需要瞭解自然、然後才能順應自然、利用自然、享受自然、改造自然。最重要的是人與自然的和諧相融合，並留下永恆的自然，因此風水之影響子孫榮枯是有著一定的科學依據。

風水環境與地磁能量場

經科學證實而瞭解，宇宙之間確實存在著一種引力，這種引力叫做「磁場」。所以天、地、人，甚至世間萬物其實都具備了各自特有的「磁場」，並且會因為地理環境條件不同而發生不一樣的「磁波交感反射質變現象」，質變的結果有良性變化，也有不良的反應。古人以八卦來代表地球的四面八方，以十天干、十二地支代表上下、經度、緯度，用干支納音引述時空自然變化法規，以五行生剋制化合乎循環之理，並配上八八・六十四卦及卦位與六十甲子的組合而成圓周 360°角的循環及陰陽之盈虛消長而為福禍吉凶的依據。

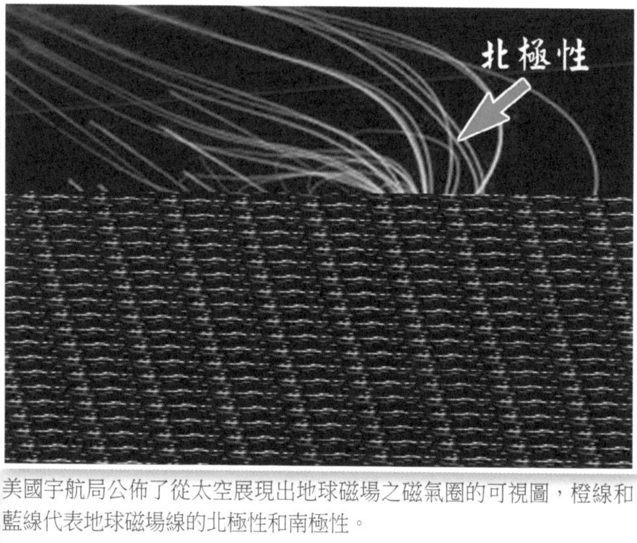

美國宇航局公佈了從太空展現出地球磁場之磁氣圈的可視圖，橙線和藍線代表地球磁場線的北極性和南極性。

地球是一個大的磁場，而磁性具有記憶和傳播及轉化三大功能。這種經過質變之後的磁波，無形之中便不斷的影響人體內部所具備的磁性，於是吉凶乃現，福禍漸生。然而墳墓或陽宅建在某個地方，該處的地磁場就會把墳墓或陽宅周圍的山水信號連同骸骨或人體訊號以電磁波的形式轉化出新的電磁波信號向外發送，再經由具有相同DNA的生物電磁波之同位元訊息的後代子孫或人體內之血液之水份所吸收，從而對外界或人體產生吉凶不同的影響。古人並依此假設出太陽、地球和月亮的運轉與方位之間的盈虛消長情形，而制定了山川磁場水文地質、氣流與人身之間交感連繫之相互關係。此為防禦大自然天災水禍的具體做法，也是求生存的智慧表現。

陽宅是針對住在同一屋簷的人，其生物電磁波之間具有同位元之資訊，彼此能夠感應溝通，就像收音機只能接收到頻率相同的電磁波是一樣的道理。所以一旦人體接收到這種電磁資訊後，將在體內產生一系列的反應，進而產生一系列之吉凶感應及對待關係。不同方位和空間格局，會造成不一樣的磁場，所以，面對相同的磁場裡，因不同的人其出生八字必不同，因此便產生出不同的後果和影響。磁場的不同，影響了格局的吉凶；格局的吉凶，影響

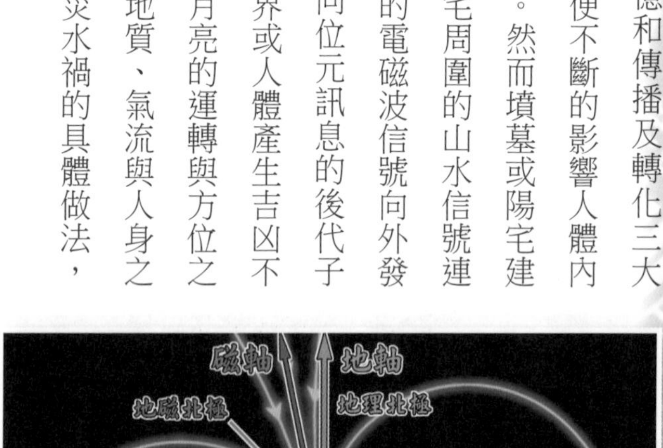

地磁的磁力線分佈圖。

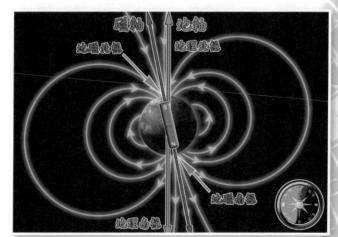

了運勢的福禍。也就是「地理風水磁場」的方位格局與運勢吉凶感應有著密切關係。

韓國學者尹弘基一九八九年在〈論中國古代風水的起源和發展〉一文中提出，中國風水術是為找尋建築物吉祥地點的景觀評價系統。它是中國古代地理選址與佈局的藝術，不能按照西方概念將它簡單地稱為迷信或科學。這種獨特的選擇地點的中國系統，具有科學的成分，也有迷信的成分。尹弘基還提出中國風水術建立的三個基本前提及應用於選址的風水主要原則，可以綜合如下：

◎三個基本前提

1、某個地點比其他地點更有利於建造宅第或墳墓。

2、吉祥地點只能按照風水的原則，透過對這個地點的考察而獲得結論。

3、一旦獲得和佔有了這個地點，生活在這個地點的人或埋葬在這個地點的祖先的子孫後代，都會受到這個地點的吉凶影響。

◎應用於選址的風水三大原則

1、周圍的地形

它需要呈馬蹄形的隱蔽地形，它以馬蹄形的山丘為靠背，前面能夠臨水的開闊地形。最吉祥的地點—風水穴，位於山脊當中主山峰的山腳下。

2、水

吉祥地本身必須是乾燥的，但距吉祥地點不遠的前方應該有水流。

3、方位

具有以上條件的地方還應該面向吉祥的方向。一般來說是向陽的方向，最好朝南。

這些基本的準則一般說來適用於尋找住宅、墳墓、廟宇和村落的吉祥地點。隨著人類對陰陽五行的認知與肯定，乃由單純地域性風生水起的禁忌觀念之運用，延伸到空間磁場感應配合的領域。這是宇宙的奧秘，風水文化正是無數環節的陰陽分裂與組合，日月星辰的運轉有它一定週期性變化，而產生了磁力強弱，因而感應到陰宅及陽宅的氣運、流年，加上人類出生的先天命運受到八字大運、流年、干支喜忌相互生剋演變，也就是人身、時間和空間的交互影響，故而造成了因為格局的不同乃致牽連到陰陽宅運的旺衰與身體健康、財運的高低起伏。融合了天、人、地的關係，並且以人為中心。這不但從心理上滿足了人的需要，而且也存在著一定的實用價值，有其實用價值後，更產生了流傳的必要性和價

尹弘基認為中國風水的這些基本原則都指出了黃土高原上窯洞理想位置的因素。

值性，其存在流傳性則必然代代相傳。

風水學裡，講求人與家宅互為感應、互為因果表裡，從一個人的言語衣著舉止，可以推測其家庭家教的大致概況，從其家宅整潔與否，亦可判斷其人心地善惡、財官吉凶之情形，這個道理本於「相由心生」的原理，家宅有宅氣，宅氣與人互為感應消息。這是風水學中，最有趣、也最值得玩味探討的精髓。

若談到用風水來改運解厄，其實就是如何運用風水改善我們的運氣，若風水不順，不採陽反採陰的話，居家環境陰氣過重、濕氣過重，或磁場不穩定就會對身體、情緒、思想產生不良的影響，因為一個人一天在家裏睡眠及休息的時間很長，若家中的空氣不順、陽光不充足、周圍喧嘩不安寧，則會產生磁場的不協調，縱使再好的人也會受不了。所以說到改運解厄，還是需要請地理師從居住環境作鑑定，讓家人的活動空間與生活傢俱擺設的位置必須舒適、順暢、協調，而且空氣的流通

《奇門遁甲》是中國古代的帝王之學，其本質包含了宇宙天文學，同時揭示了太陽系九大行星和地球磁場的作用情況。

良好，空氣包括天地的氣與人氣與宅氣，而天氣來自於宇宙的磁場，地氣如一般的土氣，再加上人氣後就可以達到「天人地合一」功效，假若此三種氣不穩定，或者不能與人氣產生安穩平和協調的契合，就會產生不順，磁場不好，身體就不會健康。

建地形態的重要性

論住宅風水吉凶取決於建築地氣勢與形式，若形勢不利，即或廣廈萬間，亦無異如同是置於沙灘上，建地的形勢為住宅之先決條件，概述如下：

1、建地前低後高（大吉）

此類地勢後有穩固的屏障，前有通暢的出路，且以高處向陽，氣流通暢，遂令居者怡然，好運自來，為難能可得之福地。

2、建地前高後低（凶）

這種地勢造成屋後無屏障如人往後傾斜之象，前路又阻滯，縱使建築物外觀華麗，也無法改變建築物的凶相。

3、建地方正（吉）

地形方正本屬吉相，連屋宅風水都不例外，而寺觀、廟堂也是如此。今日都市人口稠密，建築物雍塞，大多為支離不正的建地，所以選屋時宜謹慎小心，最好能選擇方正的建地。

4、建地不方正或建地缺角（凶）

在風水學中建地不方正容易造成下列的一些情形，例如：建地右長左短，不利子息；建地左長右短，刑妻剋刑妻剋子。若是建地缺角，其影響必看卦位所在，簡單列舉如下：缺西北角，不利家人健康；缺東南角，生育不順；缺西南角，消化系統疾患；缺東北角，注意攝護線及腸胃器官；總之，建地四角缺一，已屬非吉，倘缺角至二、三處就更嚴重了；而四角俱缺時屬大凶之相，最好敬而遠之，走為上策。

5、建地後寬前窄（大吉）

此種建地會讓居住者容易發達顯貴，且會有意外發展機遇，倘於寬處設置花園，尤佳。反之，若前寬後窄而呈梯形者則不吉，易主財產難聚，人丁不旺，家運凋零。

6、前尖後闊或後尖前闊呈三角形之建地（凶）

容易有意外災禍或身罹絕症，甚或容易招至回祿；惟力求改變三角形的外觀以為裁剪添補成方正格局，則可

陽宅主要強調的是工整、對稱。

避免災厄，故應聘請高明的風水大師來行地理師之專責，以為移步換形，或截長補短及房內納氣的隔間設計。

7、建地原為廢墟或地下貯留污水者（凶）

居住者健康易受損，如果是經歷過戰亂災劫之廢墟更不好，例如發生過火災、水患或凶案、自殺之屋等，這種建地應該將土壤去舊添新，並以採足充分陽光陽氣，或以吉祥物瑞獸、龍，或麒麟，或九頭靈獅以為禳解，才能避去禍端。

8、整批的建地（吉）

整批的建地要比零星建地為宜，因為成群的建築物一氣呵成，渾然一體氣貫勢強，萬事順遂，建築群內的個體建築則需視採光與隔間設計之合理與否才能斷定吉凶。

凡看陽宅先看外形

凡看陽宅，先看外形，宅形不一，吉凶各別，未入門，先看宅形，橫看、豎看、前看、後看、直看、側看，周圍八方有無凹陷坑坎，又看門前街道來路與水流，更看房屋高低是否合適，有無逼

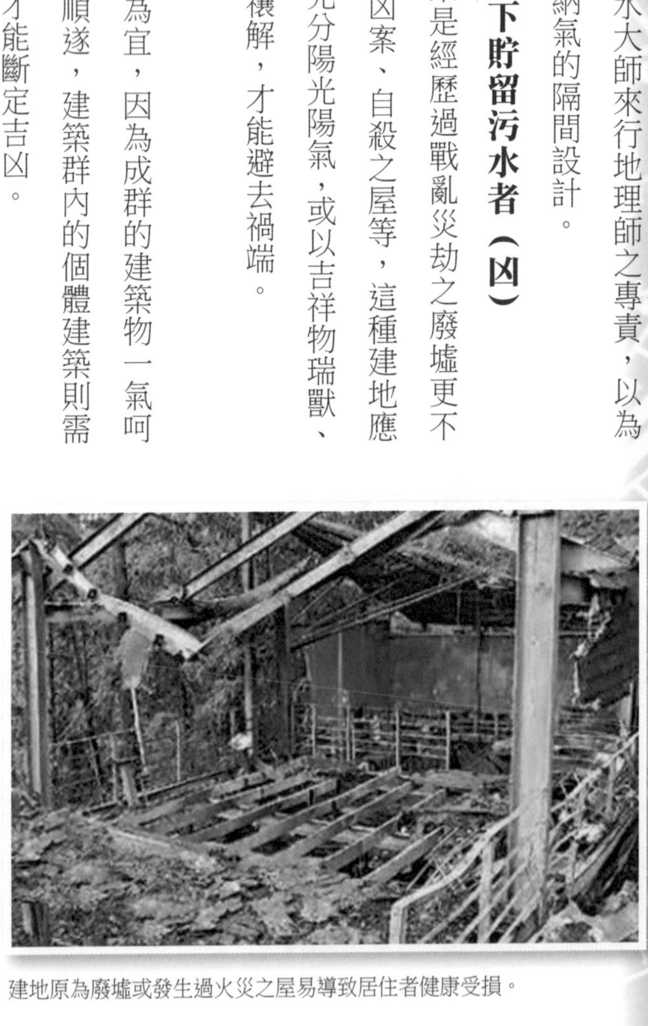

建地原為廢墟或發生過火災之屋易導致居住者健康受損。

押沖射與空缺，此為陽宅風水審察重點，陽宅外形眾目共睹，吉凶易辨，故陽宅諸書皆以外形為第一而初學者亦須以外形為重。

舉例：

◎凡宅左有流水，謂之青龍；右有長道，謂之白虎；前有汙池，謂之朱雀；後有丘陵，謂之玄武；為最貴地。

◎凡宅，東下西高，富貴英豪；前高後下，絕無門戶；後高前下，多足牛馬。

◎凡宅東有流水達江海者，吉；宅東有大路，貧；北有大路，凶；南有大路，富貴。

◎凡宅，前低後高，世出英豪；前高後低，長幼昏迷；左下右昂，長子榮昌（陽宅則吉，陰宅長子不強。）；右下左高，主奔逃（陰宅豐豪，陽宅非吉。）

◎凡宅基址貴平，如基址有所低陷坑凹，或宅

外四周附近有所凹陷宅前吉水坑坎，即依下列「八方坑坎歌」論斷。

八方坑坎歌

丑低投軍號陣中，（東北偏北）

艮低師巫殘患人；（東北）

寅低狼傷並虎咬，（東北偏東）

他鄉外死甲上坑；（東偏東北）

卯地有坑低傷眼，（正東）

乙辰有水患禿風；（東偏東南及東南偏東）

巽地坑池官司敗，（東南）

陽短陰山出暗風；

午丙有坑火災顯，（正南及南偏東南）

未丁坑下癆嗽人；（西南偏南及南偏西南）

酉方坑下家貧窘（正西），

戌亥蛇腰鬼賊侵（西北偏西及西北偏北）；

壬子有彎絕後嗣（北偏西北及正北），

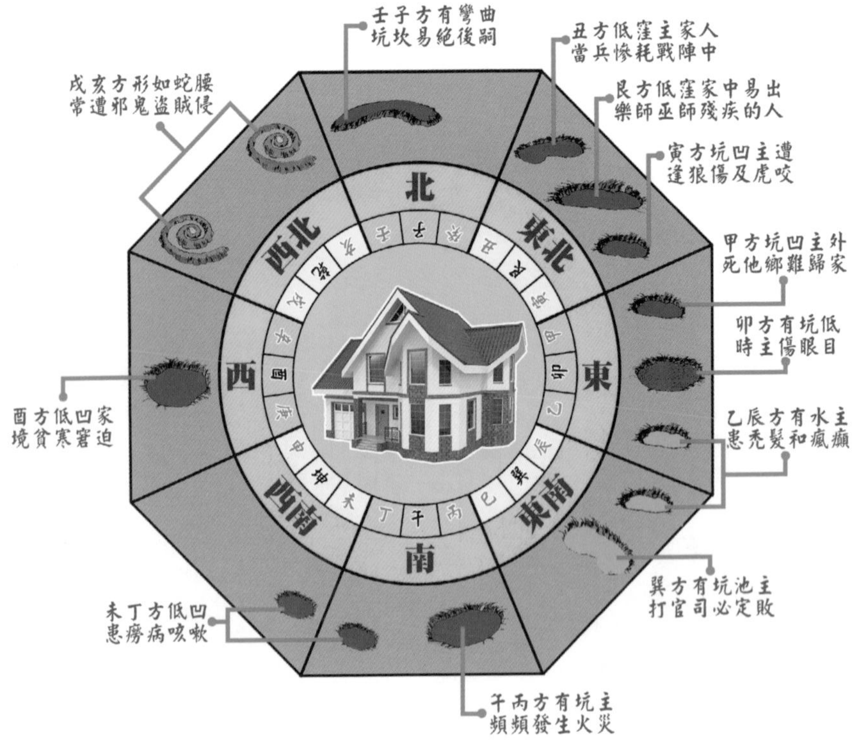
壬子方有彎曲
坑坎易絕後嗣
丑方低窪主家人
當兵慘耗戰陣中
艮方低窪家中易出
樂師巫師殘疾的人
寅方坑凹主遭
逢狼傷及虎咬
甲方坑凹主外
死他鄉難歸家
卯方有坑低
時主傷眼目
乙辰方有水主
患禿髮和瘋癲
巽方有坑池主
打官司必定敗
午丙方有坑主
頻頻發生火災
未丁方低凹
患癆病咳嗽
酉方低凹家
境貧寒窘迫
戌亥方形如蛇腰
常遭邪鬼盜賊侵
北
東北
東
東南
南
西南
西
西北

禍福如同在掌中。

陽宅建築外觀

當我們觀察完陽宅外在及週遭的地理環境後，接著就要進入陽宅本身的建築結構、外觀造型和相關格局，因為地基、屋形、牆都會影響一家人的富貴榮枯和性格特質。雖說從古至今陽宅建築的外觀形狀千姿百態，但是住宅的外觀形狀不同，其所受的風水影響也會各不相同。隨著現代建築的演進，建築外觀也愈來愈講究造型及設計感，常常可以見到突顯建築特色的外觀造型來展現屋主的個人品味，不過房屋除了美觀外，更應留意對風水的影響，以免彰顯了個人獨特性，卻壞了您的家宅運勢。

凡看陽宅先看外形，宅形不一，吉凶各別。未入門，先看宅形，橫看豎看，周圍八方有無凹陷坑坎，先看門前街道來路與水法，房屋高低是否合適，有無逼壓沖射與空缺等等。陽宅外形有目共睹，吉凶易辨，故陽宅諸書皆以外形為第一，並且陽宅學中某些特定形狀的建物，與自然界之氣流、光線、聲音、磁波等因素結合，而形成了對人體產生各種不同凶應的「煞」，稱之為形煞，這些形煞往往會給住宅的人帶來不好的影響，讓居住者輕則疾病纏身，重則惹上血光之災，所以作者特以多年經驗累積，將三合、三元、四大局、八宅明鏡、玄空飛星、紫白九星、玄空六法、龍門八局、乾坤國寶、易經六十四卦、奇門遁甲、奇門天星擇日法等各派風水之精華特色冶於一爐，創研出行之有效並且能夠把各派之精華特色，彼此合而為一的串連起來，以為相互呼應而達到助人趨吉避凶之功效，故而編著本書特以陽宅之外煞為主題，詳盡的為讀者介紹陽宅所遇到的各式各類外煞，同時教您如何來化解這些惱人的煞氣。

房屋的結構有許多特定名詞，如：龜頭屋、困字屋、亡字屋、露脊房、赤腳房、漏星房、丁字屋、工字屋、忤逆屋、塞胸屋、停喪屋、雙口屋、玄武插尾‥‥‥等等屋宅結構形狀，以下列舉一些屋宅外觀結構的特定名詞及圖示：

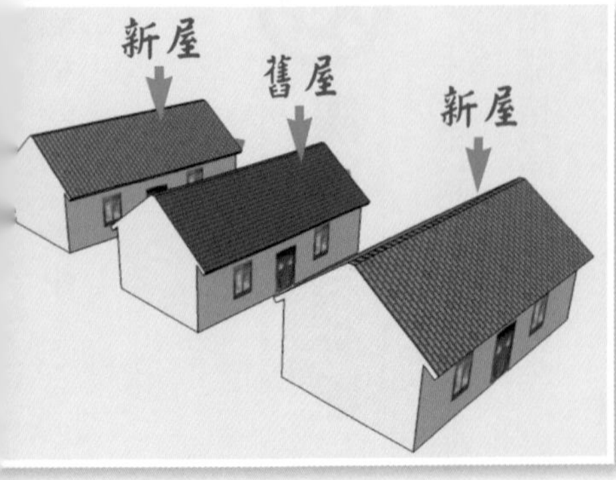

◎凡於舊屋前後新建新房謂之「**插翅房**」，代表屋主會有難以預測的災禍。

◎房屋旁又加蓋小屋，宅形似有一隻耳朵，謂之「**單耳房**」，易造成居住者在健康方面會有不利的影響。

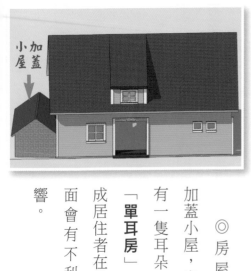

◎新舊房屋相連接，屋宅不成一體謂之「**偏身房**」，易造成居住之人家庭不和睦，易有小三或偏房，子孫不孝，錢財丟失。

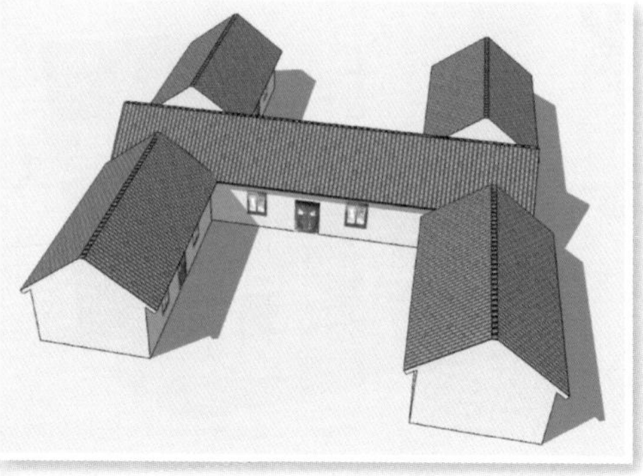

◎在屋宅前方或後方，共有四棟房子的屋宅，形如兩人或四人在扛轎一般，謂之「**扛轎屋**」，主錢財財來財去，易患疾病，容易受傷，糾紛不斷，事業、職業不穩定多變動，家運長年不安。

◎堂房左右俱蓋小屋謂之「**雙耳房**」，住在這樣的家宅裡面，家中是非糾紛不斷，家人易患腫瘤疾病或結石、骨刺之症狀。

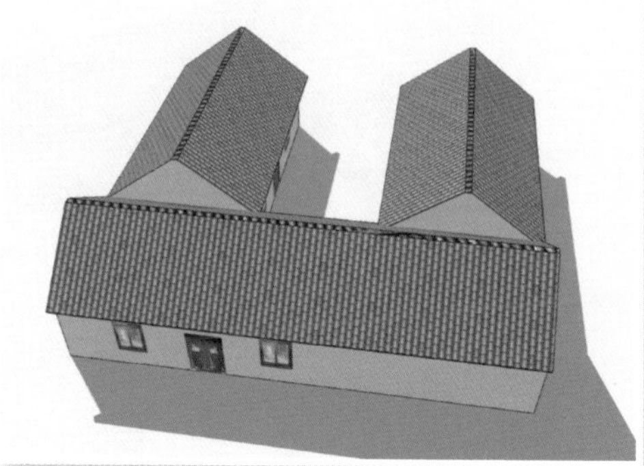

◎主房後面又建有兩棟垂直住宅，使屋宅形似手推車，謂之「**推車屋**」，主吝嗇、家業破敗。

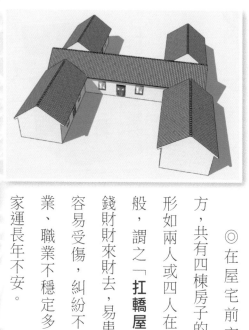

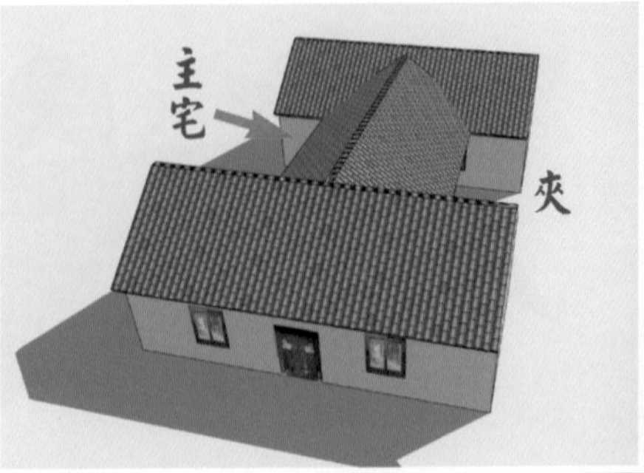

◎主屋分別被兩側房屋所夾，呈現「工」字形謂之「**工字房**」，主宅中之人容易患腳疾、受傷、生病，女性容易難產。

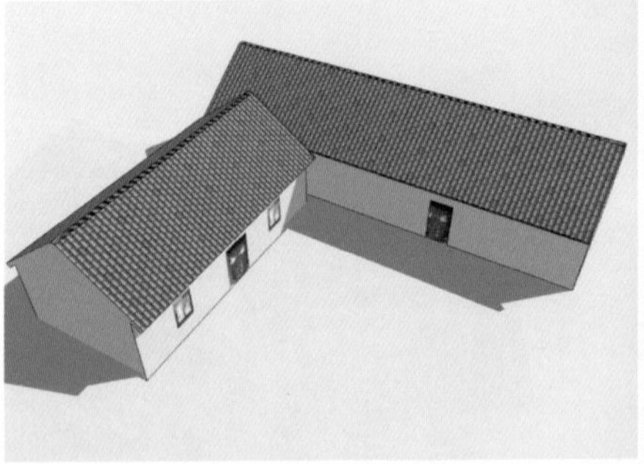

◎屋宅的形狀像曲尺謂之「**曲尺房**」，主居住之人易產生手腳疾病，家人在家中待不住的現象。

宅形的五行及九星分類

地理原本就是以形家為本，將山形以五行及星體之幾何形狀論斷其情性，其中以五星為主體，其餘九星為變體之細分，在傳統風水理論中將山形區分為金、木、水、火、土五種形狀稱之為五星，貪狼星、巨門星、祿存星、文曲星、廉貞星、武曲星、破軍星、左輔星、右弼星稱之為九星。

山有五形房屋也有五形

1、五星之形取象

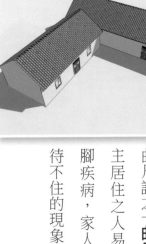

按《地理人子須知》論五星之形曰：「夫五星之形體，古人以木之條達而取象於直，火之炎焰而取象於銳，土之厚重而取象於方，金之周堅而取象於圓，水之流動而取象於曲，故凡山形之曲動者為水星，光圓者為金星，方正者為土星，尖銳者為火星，直聳者為木星，此亦自然之理，而非牽強也。」但是五星不純者謂之變格，所以九星也不外乎五星之形，終究不離乎水火木金土的變化，先賢取此，不過取其象之類化而已，然而地理之學無它，陰陽而已矣。

五星之形。

《雪心賦》：

細看八國（八方）之周流，詳察五星之變化。

星以剝換為貴，形以持達為尊。

金清土濁，火燥水柔。

木之妙無過於東方，北受生而西受剋，但注意木須有節三處。

水在坎宮，鳳池身貴，金居兌位，烏府名高，土旺牛田，木生文士。

水星多在平地者，妙處難言。

火星多出高山，貴而無敵；火之炎獨尊於南位，北受剋而東受生。

木須有節，金貴連珠。

所貴者活龍活蛇，所賤者死鰍死鱔；

雖低小不宜瘦削，雖屈曲不要欹斜。

德不孤，必有鄰，看他侍從；

眼不明，徒費力，到底模糊。

五星依此推，萬變難以枚舉。

2、房屋的五形

房屋的外觀形狀雖然多種多樣，但從風水學的角度來論，依然可以用風水學中的五形分類來研究陽宅之屋形。

金形之屋：欲其屋宇光明，牆壁嚴整，四簷相照。隔間設計採氣勢磅礡，但需去霸氣。採光宜柔而納順暢平和之氣。

木形之屋：欲其屋脊高聳，牆垣起伏，四簷拱照。隔間設計採通暢無阻，且採光良好為佳，持連而不擁擠。

水形之屋：欲其屋宇整潔。採光通風良好，納氣以取旺為佳。

火形之屋：屋宇藏風，欲屋脊不見尖聳。隔間設計棄尖補正，房門應納吉氣。

土形之屋：屋宇方正，四簷齊平，牆無缺陷。及左右對稱，並採風隔間設計，需方中有圓。

《王公陽宅》：「木星之性仁也，其家木星得位而秉令，住此房者其性情必慈祥。金星主義，其人性情必果斷。土星主信，其人性情必內外如一而不欺。水星主智，若其得位秉令，生克制化相宜，則人之性情當各以類應。不但五星為然也。凡宅之形長似木者，其人即得木之性以為性，或形方而如土者，其人即得土之性以為性。餘可類推。」

清朝乾隆年間著名的風水學大師袁守定在《地理啖蔗錄》談到：「陽變陰，合而生水火木金土。於是在天成象在地成形，無非五行之精。其在天也為歲，為熒惑、為鎮、為太白、為辰。所謂成象者，此五行之象也。其在地也則山之頭圓足濶者為金。頭圓身直者為木。頭平生浪者為水。頭尖足濶者為火。頭平體方者為土。所謂形成者，此五行之形也，水火木金土五星既定，於是有生尅制化，有陰陽消長，而地理出矣。」

3、五星所喜所忌

五星所忌避者，不宜太肥、太瘦則凶，所喜者，金星之山喜圓淨而正，性定而不動則吉，山若平圓、破碎、尖斜則凶，木星之山喜聳秀而直，山勢直硬、清秀吉，歪斜散漫、破碎臃腫凶，水星之山喜活發而動，山勢橫波層疊為吉，懶垣散漫、蕩然不收為凶，火星之山喜雄健而明，山勢峭峻焰動，山頂尖焰如削為吉，崚嶒破碎，反逆惡陋為凶，土星之山喜方正而厚，山勢渾厚高大雄壯，平正聳立為吉，臃腫、破陷、圓角軟怯為凶。

先賢廖金精則將砂分為富砂、貴砂、賤砂三類，肥圓、方正者為富砂，清奇、秀麗者為貴砂，欹斜、破碎者為賤砂，這也是判斷砂的方法，最為簡潔而明瞭。

宅形及山形的九星分類

1、九星的意涵

◎一白水星（本居坎宮）

天象：為月，為雨水，為，為雲，為霜露雪。氣象為冬，五行屬水。別名貪狼，先天卦序為六，後天卦數為一。

地象：為江、湖、溪澗、海洋、泉井沼泊、溝渠污廁、卑濕之地。位居正北方位。

人象：為中男，為酒鬼，為舟夫，為江湖人物，為盜匪、淫賊。其性浮而蕩，嬌而柔，陽慾直而陰慾曲，以曲為情。為漕運之官。於人器官，為耳，為血，為腎，為發，為脂。

物象：其色為黑、為藍，其形為波、為弓。於屋為水閣江樓，為茶酒旅館，為妓院，為浴房。於動物，為豬，為魚類水族，為狐鹿燕螺，為陰濕蟲鼠。於植物，為水草為棘藜，為矮柔草菜。於飲食，為酒肉海味，為湯為酸醋，為酒具水器。

生旺時：主文章發秀，生聰明之子，主少年科甲。

剋煞時：主刑妻、眼疾，飄盪無依，奸邪、桃花、溺水、不利男丁。

◎二黑土星（本居坤宮）

天象：為陰雲，為霧氣，為冰霜，為純陰。氣象為夏秋之間，五行屬土。別名巨門。先天卦序為八，後天卦數為二。

地象：為地，為田野，為鄉村，為平地。居西南方位。因其純陰，故為陰巷、林陰、樹陰、陰暗之角落、暗室等。

人象：為母，為後母，為農夫，為鄉人，為眾人，為老婦寡婦，為臌腹人，為尼姑，為大臣，為教師教官，為小人。其性柔而靜。於人體為腹、脾、胃，為肉。

物象：其形廣平方正，其色黃黑、黃。於屋宅，為村莊、田舍、矮屋，為土階、倉庫、宮闕、城邑，為牆壁，為低墓。於動物，為牛，為母牛，為子牛，亦為羊為猴為牝馬，泛為百獸。於植物為水草、從棘、刺藜、矮柔之草菜，為布帛，為五穀，為絲棉，為木柄。於器具，為方物，為平扁物，為大輿，為瓦器，為轎車，為田具，為大盤等。

生旺時：主田產致富，旺人丁，女性當權、或寡婦興家，利武貴不發文秀。

剋煞時：主腹疾，代代出寡，流產、夭折。

◎三碧木星（本居震宮）

天象：為雷，氣象為春，別名祿存，五行屬木，先天卦序為四，後天卦數為三。

地象：為青秀碧綠、高直之山，為大途，為鬧市。居正東方之位。

人象：為長子，為秀士，為侯爵，為法官，為員警，為裹甲，為將帥，為商旅，為盜賊。其性勁而直。於人體器官，為肝，為足，為聲音，為髮。

物象：為喬碑，為商廈，為高閣，為青綠之色。於動物，為龍，為蛇，為鶴，為鷺，為馬鳴。於植物為喬木，為森林，為竹林，為林園。於器物，為棟，為牌坊，為刑具，為竹木樂器，為兵車，為大轎，為燈柱，為高塔等。

生旺時：主長子當家，白手起家，富貴雙全。

剋煞時：主不利長男，是非、官訟、出盜賊、神經方面的疾病。

◎四綠木星（本居巽宮）

天象：為風，氣象為春夏之間，別名文曲，五行屬木，先天卦序為五，後天卦數為四。

地象：居東南方位，為草木茂秀之所，為花果菜園，為林苑。

人象：為長女，為寡婦，為秀士，為山林仙道，為尼姑，為工女，為護士。其性和而緩。於社會，為文人，為翰官，為典獄，為婢妾，為富人工官。於人體器官，為肱股，為白眼，為口氣。

物象：其形如繩，其色青綠、翠綠。於屋宅，為寺觀樓臺，為山林小居。於動物，為雞為鵝鴨，為蛇，為善鳴之蟲鳥。於植物，為矮灌木，為蔴為茶。於器物，為繩索，為藤蘿，為長物，為木香，為羽毛，為帕扇，為工巧之器等。

生旺時：主長女發秀，文章聰明，出俊男美女，善琴棋書畫。

剋煞時：主不利長女，酒色貪淫，風癱，神經錯亂。

◎五黃土星（本居中宮）

五黃土星，位居中央，有皇極之尊，別名廉貞，五行屬土，八方無定位，故無定卦象。當某星入中時，補上所缺之宮。當其處中宮，皇權極位，控制八方。當其補缺各宮時，性燥兇殘，所到之處，有凶無吉。

生旺時：主出掌權、極貴之人，或極富之人，操生殺大權。

剋煞時：主出寡，喪丁，惡疾，暴斃、犯陰。猶不利男丁，宜靜不宜動，動則生災。

◎六白金星（本居乾宮）

天象：為天，為純陽，為雪，為冰雹。氣象為秋冬之間。別名武曲，五行屬金。先天卦序為一，後天卦數為六。

地象：居西北方位，為京都大郡，為形勝之地，為高亢之所，為大圓用武之地，為戰場。

人象：為父，為老翁，為君主，為官貴，為首領，為大富商，為將帥，為德高望重之人，為福德慶祥。其性剛而健，動而不息。於人體器官，為頭，為肺，為骨，為項，為上焦。

物象：其形為圓，其色為白、玄黃、大赤（先天居正南火方，故大赤色）。於屋宅，為大廳、高堂、樓臺、西北之屋。於動物，為馬，為大象，為獅，為天鵝，為鷹鵬，為犬豬。於植物，為圓果（水果、瓜果）。於器物為首飾、珠寶、玉器、冠帽、圓鏡、鐘鼎、水晶球、錢幣等。於武器為刀劍、炸彈、剛硬之器具。

生旺時：主發官貴，發富。

剋煞時：主官非不斷，肺疾，破財，外傷。

◎七赤金星（本居兌宮）

天象：為雨水、為霧露、為流星。氣象為秋，五行屬金。別名破軍。先天卦序為二，後天卦數為七。

地象：居正西方位，為澤地、水際、缺池、廢井、崩山。

人象：為少女，為小房，為妾為婢，為巫師，為歌妓舞女，為伶人，為說客，為媒人。其性絕而利，為多口舌，為喜悅，為隨波逐流，為邪言偽行，為播弄是非，為宣傳遊說，為讒言誹謗。於人體為口、為舌、為喉、為肺，為膀胱，為生殖器，為痰涎。

物象：其形損缺（缺口、缺邊、缺角、缺牆等），其色為赤。於居所，為正西之屋，為近澤屋。於動物，為羊，為魚，為雞，為鳥，為鹿，為猿，為虎豹。於食物，為糖果、糕餅。於器物為刀戟斧鋤，為器皿酒盞，為瓶甌罐，為金飾物，為樂器破鼓。

生旺時：主武貴，小房發福，主出醫卜星相之人。

剋煞時：主殘疾，淫蕩，火災，官非，盜賊。

◎八白土星（本居艮宮）

天象：為雲、為霧、為星、為煙。氣象為冬春之間，又名左輔，先天卦序為七，後天卦數為八。

地象：位居東北，為山，為岩礎，為丘陵，為墳墓，為山居近石，為近路之宅，為門闕。

人象：為少男，為小房，為君子，為書僮，為山夫，為閒人，為親僕，為保人。其性安而止、靜而住，為進退不決，為濡滯多疑，為優柔不斷。於人體器官，為手、指、背、鼻、肋、脾、胃、骨。

物象：其色為白，為黃，其形如矮丘。於屋宅，為閣寺，為門闕，為山徑、牆巷、丘圓、寺廟、山屋、土廬、岩壑。於動物，為狗、為鼠、為虎、為牛、為狐、為黔喙之獸。於植物，為堅硬多節之木，為藤瓜，為馬鈴薯。於器物，為犁具，為兵甲，為陶冶瓦器，為鍋釜磁器，為盒子布袋。

生旺時：主出忠臣、孝子，文人秀士、大儒，富貴雙全。

剋煞時：主小兒殘疾，損小口，得傳染病。

◎九紫火星（本居離宮）

天象：為日，為天火，為電，為虹，為霓霞。氣象為夏，五行屬火。又名右弼，先天卦序為三，後天卦數為九。

地象：居正南方位。為爐灶，為窯窖，為乾亢剛燥之地，為殿堂，為大廳，為中堂，為廚房，為南舍，為明窗，為燈燭，為焚火。

人象：為中女，為穎士，為通人，為文人，為目疾人，為甲冑之士，為烈將。其性燥而烈，尤重虛榮。於人體器官，為目，為心，為三焦，為大腹。

物象：其形尖利，尖峰如火舌。其色赤紅、紫火紅。於動物，為龜、為鱉、為蚌，為蟹、為螯、為蛤、為介蟲等。於器物，為外剛內柔之物，為甲骨，為干戈，為槁木，為燈具，為幕簾等中虛之物。

生旺時：主富貴，而且突然發富，但易興易敗，亦主文章。

剋煞時：主火災，吐血，官非，小產。

2、流年九星斷訣

一白：先天在坤，後天居坎，為貪狼之宿，是為官星，五行則屬水，其色尚白，秋進冬旺春洩夏死，當令時士人遇之必得其祿，庶人遇之定主財喜，最宜一四同宮，一六聯星更助旺氣。失令時，若受其剋煞，則莊子有鼓盆之嗟，卜商有喪明之痛。

二黑：屬土，號巨門，應天醫之秀為先天火數，當其旺，有田莊之富，田財充滿，人丁興旺，又發武貴。當其衰死，則婦奪夫權，陰險鄙吝，難產腹病，為小人暗算，家人疾病叢生。失令時受其剋煞，孕婦有坐草之慮，宅母多病。或涉婦人而與訟，或因女子而招是非。會五黃輕則重病，重則死亡；會九紫或五黃再逢戊己都天，主火災，招是非。大抵此方不宜修動，犯者陰人不利，其病必久。若於六白方動作，可以調劑，或在二黑所到之方向，懸一金屬製成之風鈴，金德可以化之，若二黑會三碧犯鬥牛殺，主是非口舌。

三碧：蚩尤星，喜鬥爭，隸震宮，其色碧，五行屬木，值其生，興家立業。當其旺，富貴功名。若官災訟非，遇其剋也。殘病刑剋，遭其凶也。犯之者，膿血之災。觸之者，足疾大禍。若遇七赤，三七名穿心殺，被劫盜，更見官災；如逢坤艮五黃，二三名鬥牛殺，主是非或惹官刑。

四綠：為文昌之神，隸巽宮，其色綠，五行屬木，星號文曲，當其旺，文章蓋世，科甲聯芳，女子容貌端妍，聯婚貴族。登科甲第，君子加官，平民進產，若為剋煞，瘋哮自縊之厄不得免焉。淫佚流蕩，失時所有之。若一四同宮定主科名，否則有貴人助力，四六合十亦主吉祥。四九化金雖洩亦無礙。

五黃：為正關煞，應廉貞之宿，位鎮中央，威揚八表，其色黃，五行屬土，其性屬陽，若五黃會力士，或會劫殺，不宜造葬或修整，否則非傷丁亦有大禍。當其旺，大發財丁，當其衰，無論被其生或被其剋，都為大凶，故宜靜不宜動。

若值太歲加臨，凶性大發，即大損丁財，輕則災病，重則連喪五人，宜避不宜犯。宜洩不宜剋，剋之則禍。會太歲歲破，禍患頻頻。二五交加，非死亡亦主重病，如在八白方動作，則遇險呈祥，故此星值方，在平坦之地，門路短散，猶有疾病。臨高峻之處，門路長聚，定主傷人。又值戊己都天再會七九火數，有大石尖峰觸其怒，古樹神廟助其威必遭回祿之災，萬室咸燼。遇瘟疫之厄，其性最烈，其禍最酷。

六白：乾宮，武曲居之，五行屬金，性尚剛烈，當令之時，威權震世。鉅富多丁。其剋煞也，伶仃孤苦，刑妻傷子。武曲星，是吉星。當其旺，權威震世，武將勳貴，鉅富多丁。當其衰死，刑妻孤獨，刀兵自縊，鰥夫自憐，寡婦守家。失運六會九，長房血症，若六白見七赤為交劍殺，主失竊或劫掠，當令遇七赤比和為旺，逢四綠雖剋出，亦無妨礙。遇二黑不忌病符，反主生財，逢八白更佳，遇五黃亦做吉斷。

七赤：破軍，應感兌宮，位居正西。五行屬金，其色尚赤，有小人之狀，為盜賊之精。七赤又名破軍，是為賊星，當其旺，發武權，丁財兩旺，小房發福。當其衰，家出盜賊，或投軍戰死，牢獄口舌，火災損丁，或出貪花戀酒之徒。七為凶星，宜靜不宜動，動則凶相大露，尤其在路口、三叉之處，危害最烈。七會九紫主回祿之災，或少女受害。夏月忌臨，八白和之。逢三碧為穿心煞，被劫盜更有官非，遇六白為交劍煞，亦主失竊或破財，逢五黃疊戊己都天，為禍更甚。

八白：艮得八數，星號左輔，其色白，屬土，生旺則富貴功名。逢四綠則小口損傷。性本慈祥，能化凶神，反歸吉曜。失令三會八化木又相剋，真難十全十美。故與一六皆吉論，並稱三白。若失令，亦屬凶神。

九紫：離宮九紫，星名右弼，五行屬火，性最燥。吉者遇之，立刻發福。文章科第，驟至榮顯，中房得貴。凶者值之，勃然大禍。回祿官災，吐血瘋癲，目疾難產。

以上九星，不論吉星，凶星，當令之時，還宮復位固佳，交互疊逢更利；失運，則得其反，若遇聯星生旺，主有意外機緣；若聯星剋洩，有意外之恙；如聯星逢一六水，三八木，四九金，雖生出，則主退歡喜財，總之一切要以星宮並論為根據。

3、九星星體

貪狼星屬木：其形如出土之筍、頂斜腳斜者為破面、頂正腳直者為乘龍、頂雖正而腳尖利者為帶劍、橫看是頂、側視是峰、若欹斜則不吉。

巨門星屬土：巨門星不尖不圓其體方，高處定為頓笏樣，但是無腳生兩傍。方型為土之正型，土星兩角高起，狹小老為誥軸，長濶者為展誥，以其似詔誥之狀，故主貴

祿存星屬土：故不失土體、蓋不得其正而生手足、全無取捨、如撚拳、如豬屎節、如棺材、如頓鼓、如瓜瓠；前得吉秀之峰為吉，又如螃蟹、蜘蛛之狀。

文曲星屬水：故不失水體、多孤單、生枝如延蜓、如驚蛇、如鵝頸、如破網，凡山無文曲則不

剝換，故山與平地皆有文曲星以為剝換之機，故文曲星又號情星，主遊蕩淫慾，生離也。

廉貞星屬火：一名紅旂星、巒頭尖而粗大醜惡、石稜層磊落、只可作龍祖、多起龍寶殿，若開張如梳齒、如掛破衣、如傘、如展旂之類。

武曲星屬金：形似覆鐘釜、并堆谷之類；又如破廚櫃、身形臃腫、前頭走出如雞伸頸、嶺上下來如象鼻、一高一下腳不尖、作穴乳頭出富貴。

破軍星屬金：故不失金巒頭、不得其正、生火枝如破傘、腳多斜飛、或如走旂之類。

右弼星屬水：不起巒頭、隱隱在平地，如展席鋪氈、蓋水潤下、多在平陽。

左輔星屬金：故不失金巒頭、來龍與武曲分宗、多在過脈處、其體如飽凸、前高後低似小毬；後大前小、駝峰如兩腳並行去。

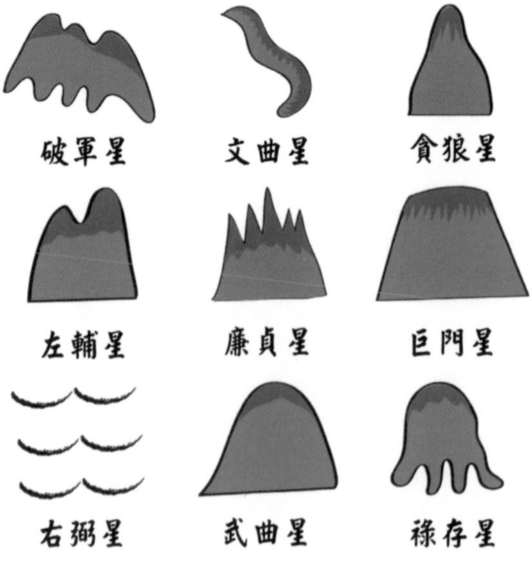

九星之形。

五星及九星之山形房形實例：

1、巨門土形

方形為土之正形，若宅頂有三角尖型屬火，屬土帶火局，如將外型的顏色五行改為淡黃色，則為火土相生格局，有更旺之氣勢，土星兩角高起，狹小者為誥軸，長闊者為展誥，以其似詔誥之狀，故主貴。

巨門土形屋形

屋形似詔誥狀主貴

巨門土形屋形

土帶火局

巨門土形山形

2、祿存土形

格局外表多銳角、直角，如同耙齒，乃是屬於祿存，頂圓方正，體形成多枝腳。祿存土星不會結穴，故而龍氣不旺。住宅前方，也就是朱雀方有此山形，主命運多波折，容易引發開刀手術的疾病，尤其是有慢性病的人，在此久居會演變成急性病。住宅後方有此山形，注意小人侵犯。

祿存土形屋形

祿存土形屋形

祿存土形山形

3、貪狼木形

貪狼木形聳直而長，頭圓而正，下列大樓其形貪狼木，故宅型佳，雖宅色白，屬金，而且有藍水色配合，是為金生水，水生木，五行一氣相生之吉宅。

貪狼木星屋形

貪狼木星山形

貪狼木星屋形

木星屋形

4、廉貞火形

廉貞火形尖焰峭銳，佈局應非常小心，否則易生火災，嚴重則是會引發重大疾病，有損丁之虞，財丁不能兩全。或如火焰般，即使是合於本命，又合於元運的當運之宅，但是旺運一發，發過即敗，不會長久。建築師在為主家選址設計時應謹慎為之，設計師在設計室內格局時再想化解已經來不及了。

廉貞火形屋形

廉貞火形山形

廉貞火形屋形

廉貞火形山形

5、武曲金形

武曲金形周正圓淨，圖為武曲金（依平面鳥瞰上圓下方）之宅型代表，配命灰土色生金，為金土相生格，利金融、黨政、財經、企業管理之格局。

併排的武曲星屋形。

武曲星屋形

武曲金形山形

6、文曲水形

不失水體、多孤單、生枝如延蜓、如驚蛇、如鵝頸、如破網，凡山無文曲則不剝換，故山與平地皆有文曲星以為剝換之機，故文曲星又號情星，主遊蕩淫慾，生離也。

文曲水形屋形

文曲水形屋形

文曲水形山形

7、右弼水形及左輔金形

右弼水形不起巒頭、隱隱在平地，如展席鋪氈、蓋水潤下、多在平陽。左輔金形不失金巒頭、來龍與武曲分宗、多在過脈處、其體如飽凸、前高後低似小毬；後大前小、駝峰如兩腳並行去。

8、破軍金形

破軍星屬金，故不失金巒頭、不得其正、生火枝如破傘、腳多斜飛、或如走旂之類。破軍星山形屬崩山、破壁，亂七八糟，到處都是破的形狀。

破軍金形山形

破軍金形山形

輔弼山形

陽宅風水的陽宅外事

陽宅風水在古時有宅內及宅外之分，所謂陽宅外事就是陽宅主體及內部以外的環境要素，並且對陽宅構成吉凶因素的客觀形勢環境，凡在宅外之形，如橋、樑、殿、塔、亭、台等類，望見照著者皆是，所以陽宅外事在風水學中統稱外六事，其實宅外之形亦不止於六事，隨著風水學的發展，外六事已經成為住宅外部環境的俗稱。

古人所謂的內六事，包括了門、灶、房、井、厠、錐磨；此六是包括了人的生活起居、活動範圍。門是大門，進出住宅必經之氣口；灶是煮食之地；井是打水的地方；厠是方便的地方；錐磨是五谷雜糧之所，現代都會區或郊區的住宅多數是洋房，錐磨就比較少見。就內之路是納氣之用，也是房間與另一房間必經之通道。至於宅內六事的詳盡解說，可以請讀者在我著作的《陽宅內煞，一點就通》一書中，得到更完整詳盡的解析。

臺北市孔廟的萬仞宮牆。

風水很講究住宅與住宅之間的關係，其中有許多禁忌。住宅自成一個世界。圍牆就是這個世界的界限、標誌。圍牆反映住宅的風貌和衰容，也關係到住宅的安全和舒適。《周禮》云：「牆厚三尺，崇之。」《易林》：「千仞之牆，禍不入門。」而孔廟必備的照牆形式稱為「萬仞宮牆」，其典故出自《論語》，子貢曰：「夫子之牆數仞，不得其門而入，不見宗廟之美，百官之富，得其門者或寡矣」。寓意孔子學問及道德高深，若要求取上進，並無捷徑，唯有進學校潛心修習，才能窺其堂奧。

住宅最好呈正方形，圍牆最好呈曲線或圓狀，這是取天圓地方之說，以達天人合諧之義。民間習俗說：「平行幾家建房，必須在一條線上，俗稱一條脊，又稱一條龍，又必須同樣高低。若有錯前的，為孤雁出頭，屋主會喪偶，若錯後叫錯牙，小倆口會不安，若高低不同的，高的壓了低的氣。

山東曲阜城正南門匾額上有清代乾隆皇的御筆題寫萬仞宮牆。

白虎抬頭。

一條脊又稱一條龍。

左邊的房子可以高於右邊的房子，但是不可以高出太多，絕不允許右邊的房子高於左邊的房子，但是亦忌相差太多。俗規是：「左青龍右白虎，寧為青龍高萬丈，不讓白虎抬了頭。」宅前不宜有無人居的破屋。住宅大門正對別人的屋角，住宅有凶。若他家圍牆角對自家門，叫泥尖煞。若角對左邊，對男人不利，角對右邊，對女人不利。

周邊環境的建築對陽宅風水相當重要，除了傳統的左青龍，右白虎，前朱雀，後玄武等之外，還要考慮周邊有沒有煞氣存在，如高壓煞：（四面有高大的樓房、天橋、招牌下壓等）、反光煞：（強光反射）、聲音煞、氣味煞、割腳煞（過近馬路）、鐮刀煞（橋或馬路成反弓）、白虎煞（樓宇右方有動土或單獨高突物）、穿劍煞（走廊過長）、飛刃煞、梯沖煞等；除此之外房屋也不要面對著政府機關、消防隊、醫院、電力廠房、垃圾場、電線杆等。

鄰屋是考量居家環境四周的建物高低起伏以及四周的人文地理情形。

天橋沖射屋宅。

官府衙門，指的是警署、警局、派出所及軍營、兵營的前面，以及寺院、道觀、廟宇的前後均不宜，衙門殺氣重，倘若住在對面，承受不起，寺廟是神佛與陰氣凝聚之處，住宅與之距離太近亦並不適宜。

1、鄰屋

凡是住宅之四方，鄰屋高昂，及門前直脊、直牆沖對，縱有遮隔，終難免咎。在前者為壓頭、前探頭、搥胸、穿心、攻腳諸煞；在後者為撲肩、後探頭、推背、鑽臂、牽尾諸煞；在左右者，為摸耳、沖腰、紾臂、撞股諸煞。遇五黃、太歲、戊己流年加臨，就會產生應凶。

2、橋樑

橋樑，為行人往來朝夕常動之所，切忌沖宅沖門，最易發禍。宜在住宅之生旺方，不宜在關、煞、死、退方。尤宜更須參合元運，喜在運內生旺方，忌在運內衰死方。

3、尖塔

塔為文筆峰，亦為火星，宜在宅之生旺吉方及一白、四綠方、忌在關煞凶方，並正午方。如逢旺相運則不忌何方，尖塔主文筆。凡在宅前見塔頂當面者不利，略遠而又為當元旺運且不逼迫則有利。又住宅內高樓，開窗見塔頂在前，勿作臥房。

4、樹木

宅外種樹，招聚陽氣。故廣陌局散，藉此以護生機；谿谷風多，藉此以禦寒氣。但只宜宅後兩旁，栽植環繞，宅前不宜蔽塞否則變成出門受阻，若遇太歲、歲破、五黃、戊己流年到向，恐有不利。

金門文台寶塔用作航海指標，並做為祈求金門人才輩出的風水文昌塔。

5、商店

店鋪以門為重，要迎水開門，忌開在煞方。鋪櫃設坐，俱以迎水為吉。庫櫃安於生旺方，或迎水路或宅中財庫位，坐空朝滿者，吉。門前忌街路反背，上手偏重，壓射不利。配合水路而白虎高則得利。安貨房屋，宜順水坐虛，前逼後空者，脫手易而利加倍，

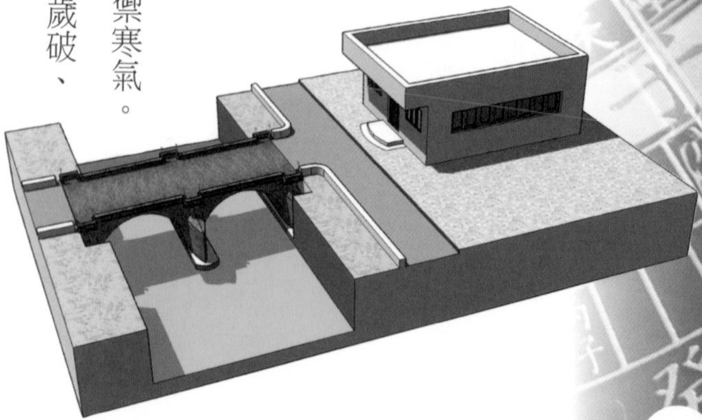

橋樑忌沖住宅的大門，此圖又成工字形更加凶惡。

亦須配合主命八字參酌配合，并論元運興廢，以知趨避之取。

6、醫院

如果居住的地方在醫院附近，患病是一個人行到滯運、衰運之時，其氣弱，神不足，精不聚，氣衰而散亂。若很多帶病之人聚集在醫院，很多滯運的人聚在一起，便會影響到附近的磁場。另外，有些病人是需要施手術的，在命理來說，則是行到帶煞血光之運，其氣衰而散多病菌必影響住家的磁場。因此醫院附近的住家若在零神方、衰方，必首當其衝。

7、教堂、寺廟

因為教堂、寺廟這些地方都是神靈寄託之所，是神佛與陰氣聚集的地方，會使附近的氣場或能

店鋪以門為重，要迎水開門忌開在煞方。

面對醫院氣流磁場不佳，多心神不寧而憂慮操心。

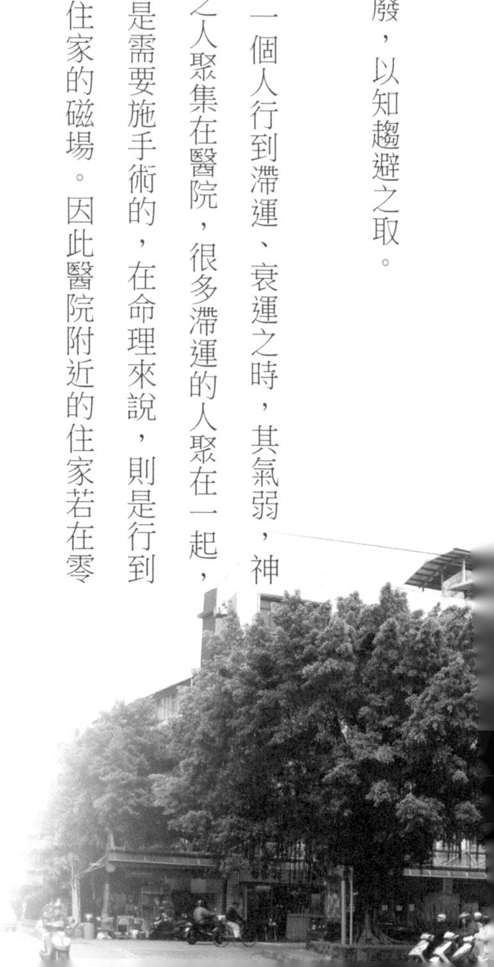
種樹宜宅後兩旁，栽植環繞，宅前不宜遭樹木蔽塞。

門煞會影響家宅運勢造成家庭成員諸事不順。

住宅在寺廟四周容易遇上廟角之飛簷煞及孤煞之氣。

量受到干擾，不穩定而頗雜混亂不清，進而影響附近住家的磁場，家人的脾氣可能會比較暴躁或孤僻或性格易走極端，或個性十分良善，但卻易被人欺騙。

住宅在寺廟的前後左右各向，因有廟角之飛簷走壁、神獸、神物因雕塑而產生尖三角飛斜沖射之象，易引起人口不和或主事者各說各話，或多病痛，或分道揚鑣、官非回祿。注意火警，回頭小人。門路重開，是非不息。神像太多，僧道消散。喜四山朝拱，不宜水沖脊背。應將宅內外大事與主事本命相參，配合元運旺衰以為趨避。

8、警察局、公安局

風水學上，警察局、派出所、公安局是屬陽，屬孤煞之地，在風水古籍《雪心賦》：「孤陽不生，獨陰不長。」如果住宅正對著，則犯孤煞，家人健康不好，是非爭鬥必多，爭強鬥勝不息，思想偏激。古云：「武衙門前開敞，四圍無破，震、庚、離、乾方上，拱峙聳起，超升極速。」

在學校附近的屋宅財運不太好，凡事容易遭受阻力。

政府機關、法院是孤陽孤陰的孤煞之地。

9、政府機關

機關屬貴氣，為至陽至剛之地，包括各級政府機關、法院、檢察院等，與警察局一樣，因為是孤陽孤陰是為孤煞之地，如果居所正對於此，家人容易發生精神不佳，或孤傲、孤僻、不合群；又容易犯官司、是非，有血光之災。

古云：「衙署，上手要重，官升得速。若下手重者，不升。法以正堂為主，忌關、煞、申、辰方沖射，衰、死方孤辣。前面，最嫌逼窄，怕有穿射。頭門宜高，二門勿得高過頭門，致佐貳欺壓堂宮。角門高大，不聚財。若太窄小，為商不發，在公，胥吏不利。」

10、學校

也許有人以為住在學校有文化的附近必是好風水，但結果並不是如此。因為古時候的學校通常是設置在清水衙門中，不求經濟效益，並且學校白天上課晚上無人，或一星期至少二天無人或寒暑假時皆無學生上課，如此

住宅下方是菜市場宅運會不平穩，運氣也會比較呆滯。

除非是經營與學校有關的生意，否則被學校大門對上的住宅或店面小門皆為不宜。

陽弱陰盛，對附近的樓宇會造成影響。在風水上，陽為順暢，陰為阻滯。所以住在學校附近財運不太好，凡事都會有阻力。

古云；「郡治學宮，偏宜水掃城腳，辛丁位上，有秀山秀朝拱，當出元魁鼎甲。上手平和，下手高雄，前面文星矗起，科第不脫。若左高右低者，不利。私衙與住宅同，上手若高，升官極速；上手若空，官聲不美。」

11、菜市場

如果住宅下方是菜市場的話，運氣是比較呆滯的，宅運不平穩。因為菜市場會散發魚腥或是肉腥味，這是味煞。環境衛生差，成日濕淋淋易生細菌、害蟲，此為菌煞。每天所售賣的豬、牛、羊、雞等肉類，這些動物靈體必會附著肉類，會在菜市場內聚集，使周邊的陰氣加重。而且每天人來人往，氣雜、人雜、聲雜，大聲小聲呼叫，叫賣聲非常吵雜，其氣不和，環境不暢通，萬物以氣為貴，午後收市，空蕩無人，陰穢污濕，腥味撲鼻，

發射塔下的住宅，容易發生血光之災及精神壓力過大。

戲院和電影院會導致住在附近的人運氣反復無常。

陰氣過盛。當售賣的雞鴨牛羊魚被殺時也會帶來殺氣與怨氣和不祥和之氣，產生附近之家居不寧，只要附近居民運氣較差的時候就容易撞邪犯陰，產生精神恍惚不定，或家人健康出了問題。

12、戲院、電影院、表演場所

戲院和電影院每天都是放幾場而已，放映時，人數眾多，氣聚一團，觀眾離場，一哄而散，這屬於聚散無常。人帶陽氣，陽氣突然大量聚於一個地方，散場後突然大量消失，氣場受到嚴重干擾，會導致住在附近的人運氣反復無常，工作運時好時壞，財運時強時弱。

13、發射塔

一般是發射或接收電視、電話信號的發射塔，氣場強，對磁場影響最大，且形狀都是火尖的。如果居所附近有此塔，一般容易發生外傷、血光之災，或是回祿之災，視力減退，容易有精神壓力過大。

居所附近有垃圾場容易有傳染病纏身導致家宅不旺。

高壓電、發射塔磁場能量影響很大。

14、變電站或高壓電塔

電屬火，對磁場的影響最大，對人腦及心臟、血液的影響也最大。如果居所附近有變電站或高壓電塔，會導致健康方面容易出問題，如心臟病、心血管疾病等。對大腦也有影響，易生腦瘤，容易發生精神方面的疾病，容易衝動，做事常出錯。

建築物接近高壓電塔的兒童，患白血病的機會比正常兒童高出一倍，一般兒童患白血病的機會是二萬分之一，高一倍則是萬分之一。這個問題值得各位家長注意，為了下一代著想，居所一定要擇吉而居。

15、垃圾場

陰靈、細菌、病蟲害、老鼠、蟑螂、蟻蟲、流浪貓狗等，喜歡聚集在陰森及有臭味的地方，如森林、垃圾場等。所以如果居所附近有垃圾場，則容易有靈體入屋，有鬧鬼現象，導致家人精神出現問題，容易有傳染病及皮膚病纏身，孕婦容易流產，導致家宅不旺。

住宅近墳場、殯儀館等陰煞之地，犯之主宅內人多暗病、運氣差、常作惡夢。

孤煞之地如果住家在附近，主家人健康日漸衰弱。

16、消防局

消防局都屬於孤煞之地，如果住家在附近，主家人健康日漸衰弱，而且消防局門戶大開，住家大門必然比較小，此為大門對上小門，宜請堪輿師選擇吉日，整理宅內之納氣，將影響減至最低。

17、墳墓或殯葬業

無論住家的是門或窗對著墳墓或殯葬業，都主對家宅不利，家裡的人身體常易發生疾病，工作易發生阻力，也容易受傷或發生車禍。另外，墳場為陰氣非常濃烈的地方，只要附近居民運氣較差的時候容易撞邪犯陰，產生精神恍惚不定，注意力不集中。

陽宅外煞圖解實例

場法
福興

中國廣西省玉林市羅城周密。

現代都市馬路可比水路，所以有些大樓林立之處猶如羅星一般。

羅星守水口 — 出將入相在其中

羅星，即水口關攔之山墩頑石，居羅城之外。羅城者前朝後拖，相連於周圍也，必也重重疊疊高聳周迴，層層級級盤旋圍繞補缺帳空。【註】：「羅城」指陽宅或陰宅周圍分佈的山巒形勢。

若是山勢走竄，是一節低過一節、一重遠過一重、一山小過一山，其關鎖不能周密，甚至是全無關鎖，那麼水口空闊曠蕩，此方的旺氣也就隨水飄散，縱然有龍有穴，也發福不久。

羅星須位在羅城外、或羅城口，還須有山來抱攔才更有力；不可在羅城內，否則就是包養鰥或患眼山、墮胎山。羅星是貴穴的佐證，不常可見，絕不虛生。

水口砂是位在去水的兩岸、或是位在羅城外而守護水口門戶砂的總名。位在去水兩岸的砂，大多是破軍星或祿存星，這些砂必須周密重疊、交結關鎖；狹而塞、高而拱；兩邊相交或如犬牙交錯、或如峭壁對峙，有異石中立，其形如卵、笏、禽、魚、龜、蛇、猛獸，或旗鼓、兵陣、列倉、貯庫，或是鎮塞如寶殿、龍樓，或是矗立如武夫、健將，或是森列如劍、戟豎立。如此迂迴十數里，則為水口至美之砂。水口千萬不可出現空缺，而讓水直直流出。前賢曰：「一個羅城抵萬山，況其多乎！」羅星砂愈多愈妙，若是一行龍更是貴不可言。

凡見龍真穴正必是後山有靠，案前有罩，左肩右膀有水來繞，左右有抱，吉穴之處，降龍伏虎，八國周密，重重護穴。一旦巒頭正確水城必定有規則，而水由天門之處開闊而來，出水之處下砂有羅星守之，正是天門開地戶閉，這才是真正的藏風聚氣。

山和水是陰陽一對，有山沒有水，不能稱之有青龍，沒有水就無法證明其龍行至盡而結穴，所以天地自然的原則：即是山不亂轉，水不亂彎，山隨水轉，兩山夾一水，兩水夾一山，陰陽相依，山水會即龍止，水飛走即生氣散，水融注則內氣聚，所以不管水大水小，遠近、深淺，急緩，聚散，動靜，一定要來者屈曲，去要盤桓，橫者要環抱，彙聚要融瀦，澄清，不要直沖穴位，不峻急，不湍激，不斜撇，不反弓，不陡地傾瀉，不直來直去，不割不穿，一定要有情環抱，依依不捨之狀，才是水之吉格。羅星也如同脈氣之尾，而成回顧主山之狀。

馬來西亞吉打象鼻山，羅星守水口。

看到許多羅星守水口，必知附近有大地理。

台北地區的水口砂觀音山。

案山秀麗——環抱有情光彩照人

山有靠山、案山和朝山之分，主要是依山和家宅坐向的關係而定，一般住宅的坐向是大門所向為向前，其背後的山巒或房屋的後面為坐山或靠山。大門所向的山巒房屋為案山。但求端正圓巧，秀眉光彩，環抱有情，而陽宅以大門所向的房屋為案山。

案山有本山生來穴前為案者，收元辰之水，有外山為案者。總之要低小有情，不高不遠、要並案齊眉，不斜走、不粗惡、不反背。又須逆水沂流。或順水而遠抱過宮者亦吉。

而其中有遠案、近案之說，其實亦不必太拘於形勢。

案山但求端正圓巧秀眉光彩。

因為又須得見外陽秀峰。而近案遮卻為外山所圍，更為吉地。雖有不見朝山之美地，卻未見有無案山而結美穴。即無近案，亦須左右龍虎砂、左右兩旁的房屋樓層要相交固。關聚內地則無案如同有案矣。案山之形要低小。如玉幾、橫琴、眠弓、橫帶、倒笏、展誥、按劍、席帽、蛾眉、三台、天馬、龜蛇、金箱、玉印、書架、書筒之類。

案山亦不需過於拘泥其一定合於某種物形，但求端正圓巧，秀眉光彩，迴抱有情，橫遮外陽朝山之腳者為吉。

陽宅之吉者，即有山向山，無山向水。水有真情，鉅富大貴之宅。朝山形象，不必拘泥，只須端正秀麗，或尖圓，或方平，皆須光彩嫵媚則得地之吉者。如無案山，只要龍虎砂相交固，關聚內堂則無案同有案。

如案山破碎峻岩，醜惡淩崢，剞斜走竄，反

案山要低小有情，不高不遠，並案齊眉。

背凹窟，尖射膨腫，粗頑崩赤，枯瘦無情。若順水飛走。或向穴尖射。及臃腫粗大。破碎峻岩。醜惡走竄。反背無情者為凶。朝山若能形成諸貴器，如筆劍印笏之類。與案山相同，皆主發貴。倘能五星俱會，三台便拱，更為貴格。

屋前有大樓逼近大門。

案山不宜過近會有逼室之勢。

山水聚會——風生水起財運佳

山水的聚會分成三種，大聚會則成為都會、首都，中聚會則成為城市，小聚會則成為鄉鎮、住宅。所謂的千里來龍的山水大聚會，指的就是「大地」的看法。聚落住宅的看法是指在小環境中的個別占法。

陽宅的自然環境所包含的因素很多，堪輿上是以龍、穴、砂、水、向，五者作為占斷的依據，指的是山水大環境中各種組成因素，同時也包含小環境中的河流、水溝、來水、去水、樹木、土丘等。山川的堪輿形勢為自然的山勢與水流結合，形成的聚局或聚會。

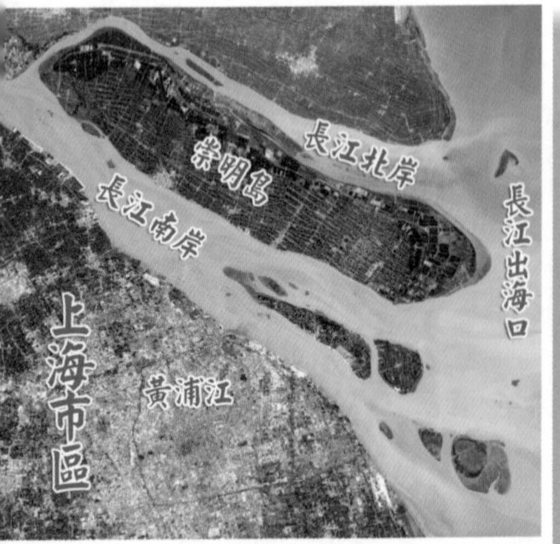

長江經上海出海。

來　源：NASA - http://glovis.usgs.gov/ Image ID: LE71180382005227EDC00，Shanghai, Landsat-7 near natural colors image, 30 m resolution 用來自维基共享资源，創用 CC 姓名標示 - 相同方式分享 3.0 條款授權。

所以各行各業都有其不同的發展方向之拋物線，及其所適合的能量場，因此藉助地理風水來提升鴻運，以改善人生之路途是屢見

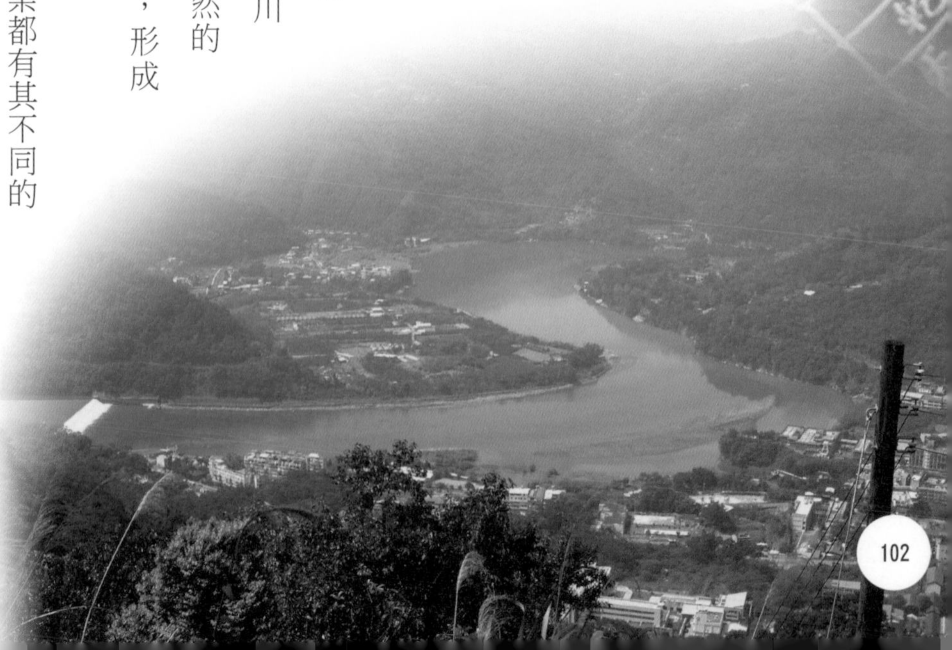

山水的聚會。

隅田川流經位於日本東京都中央區的勝鬨橋後，注入東港然後出海。

宅前有路或河水弧形包圍著俗稱玉帶環腰。

不爽，正是良禽擇木而居，因為「風」是天地間的使者，及好壞的媒介和傳播，「水」是萬物生命的靈泉，因此，好山也就是好的風水環境，必起好風必生好水，如此才是風生水起好運自到，但風水輪流轉，好壞唯人自招之。

風水學中道路的方向、形態對於住宅、公司風水影響非常大。道路又稱為虛水，或財水，道路的來往走向也像流水一樣，對住宅產生的吉凶作用，甚至比真水的影響還要大得多。現代陽宅，很多都不接近水，如江、海、湖、河…等，故無真水；但大多接近馬路，即是虛水，亦可由此感受到不少正反方面的影響。最佳狀態是宅前有路或河水弧形包圍著，俗稱玉帶環腰或抱身水，主財運順利及容易儲蓄積聚如車水馬龍車流人潮。

加強生旺之法：

1、山水聚會所在的陽宅實屬難得，在住宅的生旺方或財位安置九宮八卦龍印寶璽陣，有助於就職者步步高升，名利雙收，或者老闆的主管與股東之間不能等權，或管不了屬下的情況。

2、安置的時間點非常重要，必須以陽宅及主事人之八字紫微命盤選擇吉利的時辰及方位，配合奇門天星選擇吉星拱照、夾照、輔照。吉星如能即時在吉祥物的方位上感應，必然是助力及靈動力大增，既強且快速。選擇日課配合方位，再配合主事的出生八字年、月、日、時的星相組合，則是吉上加吉。此為陽宅方位吉凶、天星奇門及九天玄女一二〇甲子擇日擇吉，以玄空大卦易經六十四卦卦氣卦運配合本命命盤時辰方位配合時空結合，實為天地人三才的最佳狀態。

九宮八卦龍印寶璽陣

順水局——水去財亦去

順水局，又稱「去水局」，即大門前之明堂見到水流直直流出去，這樣極為不利。

《堪輿漫興》云：「順水之局穴要低，有砂交鎖始堪為；面前若見滔滔去，縱是龍直亦禍危。」

唐．廖金精云：「第一莫下去水地，扦下立見退家計。」《堪輿漫興》：「順水之局穴要低，有砂交鎖始堪為。」即穴要略低不見水去。一般而言，順水之局發福必遲，若兩砂不收，前案不關鎖，街道之水路皆順去而無回，則必敗無疑。

順水局為凶既明，但若一山勢周密，來龍豪壯，亦即龍真穴正，砂勢關收交固，即前案出水口交鎖，使水九曲旋繞緩緩而出，則此穴根基穩固，縱見水去亦因根基穩固，形成小勢雖去大勢欲回，得此形勢則雖順水亦可用，水不見曲折，則順水不可用。

人類之生存需與大自然競爭，適者生存，古代先賢覺得大自然之力量遠大於人類之智慧所能

順水局

風景秀麗，惟此為順水局，宜出外討生活為佳。

順水局

琉璃精製之神龍大龜

及，於是很自然地發展成人類應與大自然和諧共處「天人合一」之概念。此種人類最原始深處之概念主宰著往後人類大部分之行為，巒頭水法即從此大自然之處衍生。先人看河川、湖泊之如何與群山護衛而天然形成，及其對岸邊之沖積形成的土地較肥沃，而使人類種植耕作順遂，生活舒適便利，即悟出如何之水勢較適合生存之道。

河圖「天一生水」，「一」為萬數之起源，而能累積至無限量，水在地球中各角落，無地不存在，舉凡人物、草木、種子，皆需有水來之滋潤生息，故水實為萬物之源頭。人體或地球之水約各佔其構造之百分七十，可見天地間「水」為佔最多比例之元素。

巒頭法，水居「龍、穴、砂、水」四樣之末，似乎水輕於龍、穴、砂，但是「龍非水送，則無以明其來；穴非水界，則無以明其止。」亦即龍為外氣聚而橫形，穴為內氣止而生成，傳送氣為水，可知龍、穴皆賴水為之證應；可見水雖居四科之末，只是以次序而言，而非以輕重而言。

化解方式：

1、如果場地有比較寬的明堂，宜種植整排樹木以兜攔傾洩之水。住在高樓層，或者場地太小，即難以化解。

2、並在自宅可見的去水之吉方，種植綠色植物，以擋住水流之方位。置一蓄水

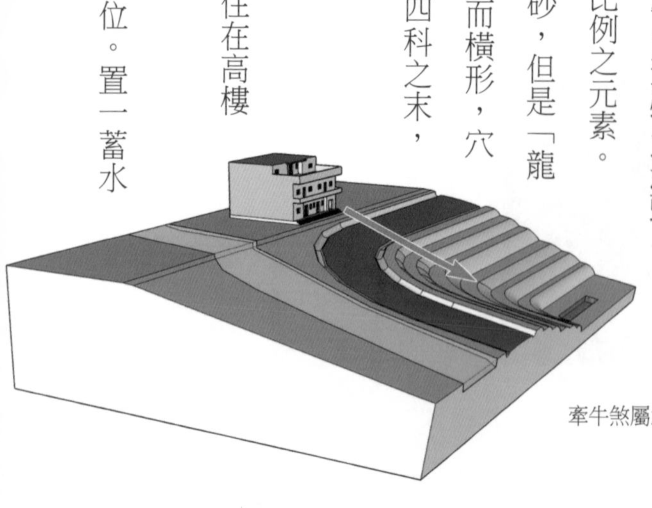

牽牛煞屬洩退敗水之勢。

池以止水洩之勢，需不見出水之處。

3、池中可安置琉璃精製之神龍大龜以生旺其真氣。

牽牛煞——缺乏向心力導致人員離散

正前方有道路往下降路往下，水也跟著直出，水行則氣行，造成生氣秏散，此為牽牛水，或稱之為牽牛煞。如有辦公室門前面對樓梯，或門前有路傾斜而下，或前有河流往下直流，或屋宅大門如有面對樓梯一層一層往下走，有如洩敗之水勢，往下傾洩直流而出，這就是犯了牽牛煞。

牽牛煞

屋宅大門面對樓梯一層一層往下走。

牽牛，屬形煞之一，也屬洩退敗水之勢，人居住於此類形之住宅，常會見有爭執、損財之事。

在城市來說就是順水局，水路從門前而出，一直往下走去，而遠方下手有大樓阻擋住順水之勢，主事者初代不利，二、三代之後可出官交貴居多反而為吉。或者是家族成員在家待不住或賺不到錢，需要離鄉背景出外討生活而有所小成就。

凡犯牽牛煞，會使好運或錢財往外直流而出，會使厄運接踵而來，公司營運不濟、錢財往外直流破財，不聚財、成員常帶有口舌是非、意見不合，且容易生病或精神耗散的現象。

化解方式：

1、如果腹地非常大，空間許可，將直流傾斜而不平的路可稍加填平，如此即可改善。

2、路或門無法改善之時，可在住宅適合之處，以卦氣相生的方位放置盆景，用以遮擋，盆景的數量按照房屋坐向卦氣而定之，但是也不能將整個門口擋著，使得入口看起來密不透風，反遭其傷。

3、在水流往下直流之處靠近建築物的地方，選擇卦氣、卦運合乎元運的位置設一水池。與住宅、宅主本命又能相生相合，則既能化煞，又能催財，一舉兩得。

4、如果門前是寬闊之地，可使用奇石以為中流砥柱，公司之精神標誌，如此亦可化解。

5、可以在水池中按奉神龍大龜，頭朝向宅內以為納氣及載寶歸庫之意涵，如此效果更佳。

6、以上化解方式，皆應以公司或住宅主事者之出生年卦，與宅之坐向卦氣相生相合，再以天星奇門遁甲及九天玄女一二〇甲子擇日秘法，配合八字紫微命盤來選擇。

逆水局 — 水聚懷中能致富

逆水局，又稱朝水，即住宅當面對朝來水，此水為吉，乃因風水之法得水為上。

廖金精曰：「尋龍點穴須仔細，先須觀水勢。」凡此皆言明水的重要性，而水的影響力可以說不次於龍、穴、砂。水局名稱雖然繁多，大多以形狀、功用、作用、結果等等而命名。然觀察其取名，不外乎可依「形」與「勢」而分類，依「形」則可分五大水局。風水師臨於現場，需細認水之形態，如此即可定其吉凶，若水直、急、衝、射、湍急有聲，或是住家、墳穴如路沖之勢，雖為逆水，亦不可言吉，必也吉中藏凶，必也要能屈曲悠揚深緩，慢穩平靜，方為合法。

面對朝來之水。

晉朝風水祖師郭璞《葬經》：「風水之法，得水為上，藏風聚氣為要。」唐玄宗天寶年間楊救貧曰：「未看山先看水，有山無水休尋地。」逆水局，朝水即穴前當面對朝來之水流來，此水為吉，乃因風水之法得水為上，穴既當朝得水故為吉。此水來朝，如聚懷中，若再靜深如釜，光耀若鏡，則易發更速，主朝貧暮富。即謂：「逆砂一尺可致富，朝水一杓能救貧。」然朝水不但發財而已，且能致貴。

加強方法：

若居家遇有逆水屈曲悠揚靜緩來朝之時，可依家主人生年的玄空大卦卦氣，配合宅居坐向卦氣，於適當位置按奉神龍攀居則富貴必雙全而來。

斜流水 — 財來財去一場空

斜流水一定是街道一邊高，一邊低。若青龍左方高出，則水流由左方往右方出。若白虎右方高出，則水流由右方往左方出。管子曰：「水者，地之血氣，筋脈之流通者。」故曰：「水其具財也。」

住宅面對朝來之水

斜流水

風水術中有一句口訣：「高一寸為山，低一寸為水。」對於城市中的大樓，樓與樓之間的巷道，前後方的道路，以風水上的定義都以「水」論之，因此對周圍的道路、空地亦應慎重的詳加考察。

水流於住宅前左來右去或右來左去，此種水流對於住宅之吉凶論斷有一定法則。即不論何種之水流，若不見去水之出水口，如此則下關有鎖，是為地戶閉，是為大吉之局。來水之處寬闊，是為天門開，且在住宅之明堂集聚，若集聚廣深則財大，集聚窄淺則財小。

地理家謂：「山管人丁、水管財。」道路邊緣的水溝是陽宅外的水路，宜暗藏不宜顯露。在郊區鄉間的住宅挖掘排水溝宜順地勢，屈曲而出，則氣不流散。若直瀉前去，則財不聚。開門放水，財散不住。對門放水，亦不聚財。水於兩旁，富而悠長。古書云：「明堂容萬馬，富貴傳天下，水口不過舟，富貴得長久。」可見良好的風水格局喜明堂廣闊，出水口之處狹小，最好連一隻小艇也不能過，也有些上等的風水寶地看不到出水口，始為極佳的風水佈局。

天門開則是指水流過來要開闊，而看不盡源頭，說明來水其水道宜廣闊寬大，那麼水流量相對便會大，因為風水學上水主財利，故來水之方水口寬闊，方可容納無盡的水流及財源，水行則氣隨之而行，故有水即有氣，得生氣即是得風水之吉。進財之力自然便會闊大，財利自當成正比例，財源自當滾滾而來。

地戶閉，指的是水流走的出水口要緊縮，地戶欲其閉，是指出水之處，在風水上稱之為下關，最理想的情況是由寬闊的河道，漸漸地收窄，在到達出水之處，水口關鎖緊密，不見出水之地。

斜流水

此圖為斜流水，馬路一邊高，另一邊低，高低落差很大，形態上就感覺在這裡重心很不穩定，兩條路呈八字形前後包抄。古云：「水流分八字流，賺錢不能留。」這代表賺錢聚不住財。又云：「家宅水流八字開，兄弟家人鬧疑猜。」此主兄弟家人不和，或多是多非，財來財去。

《雪心賦》：「水口愛其緊如葫蘆喉」，此處所指的水口，便是指出水口，喜其有若一個葫蘆的口一般細小。而且交牙互疊，便可把來水控制在明堂之內，至使去水不會直瀉而去，財源便可取之不盡，用之不竭。

斜流水一定是街道一邊高，一邊低。青龍左方高出，則水流由左方往右方出。白虎右方高出，則水流由右方往左方出。

一方是山，一方是海，是標準的斜流水，這種風水格局在家待不住，假如待在家鄉附近，前程有限，必須是出外求發展才可能聚財。

三叉水 — 結穴徵象之一

水是右大左小所以是由小水流入大水會合處，也就是砂飛水走之處。《地理

（圖 130、131："Danshui River" 由 Peellden- 自己的作品。使用來自维基共享资源 - http://commons.wikimedia.org/wiki/File:Danshui_River.jpg#mediaviewer/File:Danshui_River.jp 的 CC BY-SA 3.0 條款授權。）

人子須知。水法總論》云：「夫水者，龍之血脈也。葬書以水為外氣，良有旨哉。宋朝西山蔡文節云：『兩水之中必有山。故水會，即龍盡。水交，則龍止。水飛走，即生氣散；水融注，則內氣聚。此自然之理也。』；《青囊序》云：「楊公養老看雌雄，天下諸書對不同，先看金龍動不動，次察血脈認來龍。龍分兩片陰陽取，水對三叉細認蹤，江南龍來江北望，江西龍去望江東。」

此圖為山形粗惡，即便有三叉水亦非結穴之地。

大漢溪於板橋江子翠與新店溪匯流，合稱淡水河。

淡水河是結為大城市的三叉水，來水方有三條河道，會聚於社子島，然後水口方有水口砂守住護住龍氣，有此上佳的風水格局結為大台北市。

台北市的出水口自淡水河下游南岸的觀音山俯瞰，北岸為大屯火山群的面天山；左側是出海口，右側為基隆河匯流口與社子半島。南岸的聚落為八里，北岸為淡水。

三叉水有吉水之會，亦有凶水之會，台北市的出水口有星辰守水口，屬於山水之吉會者。台北市位居台灣的北部，四周環山，綠樹掩映，蘊含許多珍貴的自然資源，周圍衛星都市環繞，包括淡水、三重、板橋、中和、永和、新店、汐止……。大漢溪經由新北市三峽、鶯歌、樹林、土城、板橋、新莊、三重，最後於板橋江子翠與新店溪匯流合稱淡水河。

台北盆地可見三叉水，或是多重水局之聚會，基隆河自汐止以下，彎延迤邐，呈九曲朝拜入堂，新店溪自曲尺一路彎曲而來，迴繞蜿延，行至台北形成有雙重水口，屬於三叉水之吉會。

三叉水的吉凶要留意觀察，同樣是三叉水，有好的風水，也有一些三叉水是不佳的風水，選擇吉地必需多方考量，除了巒頭上的觀察分辨之外，出水口地區如有羅星、禽星把水口，則更能確認是真正的風水吉地。水口方直瀉而出，龍氣盡失，山巒形勢即便是如何秀麗的景緻，也不能視之為吉壤。

面向大海——若不能藏風聚氣就不能聚財氣

有些人喜愛大海，認為可以觀望全海景，以為視野廣闊就是好風水，其實不然。最理想的住宅，「左青龍、右白虎、前朱雀、後玄武」，就是最佳風水屋應擁有的景觀。面向大海的房子前朱雀方空虛，若不能藏風聚氣，氣若不聚，就不能聚財，這類住宅是看得到卻吃不到，作為渡假之用，偶而小住則無妨，久住不宜。所以不要盲目選購面向海景的單位，兩旁要有山景或對著小島，這樣才會守財興旺，而且更會有貴人扶持。

《青烏經》曰：「氣乘風則散，界水則止。古人聚之使不散，行之使有止，故謂風水。」風水之法，得水為上，藏風次之。簡明所居之穴選擇風水正確，一定藏風隱密不受風吹，生氣才留得住，因山脈的行氣是跟著水流動而去，非水界斷真能止也。

面向海的那一方，前方要有山景或小島才會興旺。

面海的房屋兩旁要有山景護衛較佳。

面向海面若岸邊有山景樹木，才能得到納氣，氣納則能聚財。

面向大海的房子前朱雀方空虛不能藏風聚氣。

聚水局——興旺富貴

聚水局者，水得儲聚之謂，乃諸水融聚於住宅前之明堂，有深潭、池沼或湖泊。《雪心賦》云：「水聚天心，孰不知其富貴。」聚水宜澄清而深且為活水終年不乾涸為佳，若再遇龍虎兩砂貼身緊抱則是錦上加吉，風水更佳。

古書上對於池溏有特別論述，池塘是居宅取水排水之處，凡塘成四方形，興旺禎祥。塘似覆釜，富貴無量。但屋大池小，男孤女夭。屋小池大，財帛流散。門前塘大，人壽不長。屋後塘大，少年傷亡。此外，前塘直長、後塘窄小、前後夾塘、大塘並小塘、上塘過小塘、屋內有池塘、塘中起水亭、塘中有小山、塘水似黃泥，家宅後水流淙淙水聲太響，則主家人淚漣漣，以上環境狀況在風水上都屬凶格，因此家宅不是有水池或塘就是好的，需請讀者一定要參酌詳考，否則不吉反凶則常見有之。

因水本動，其妙在於靜中，聚則靜矣，靜則悠深。融瀦，無來無去，為水法中之上格。水為財，湖泊池沼之水，四季不涸，即是上格。

針對聚水局而言，若能再配合居住者的本命八字紫微命盤和玄空大卦本的命先天卦氣、後天卦運，以及住宅的先天卦氣、後天卦運合於理氣，則既富且貴。

水融聚於住宅之前。

加旺方法：

屋宅若屬四隅宅卦則於四隅合卦氣處，若是屬四正宅卦則於四正處合乎卦氣，並以天星奇門九天玄女一二〇甲子擇日秘法及易經六十四卦先天卦氣後天卦運，配合八字紫微命盤來擇吉，放置四尊神龍大龜，可以增強旺氣正能量，使家財聚而不易漏也。（參看一〇六頁之圖）

人工造作的聚水局若能合於元運卦氣即能發揮效果。

聚水局

聚水局者若遇龍虎兩砂貼身緊抱，護衛有情纏抱則更佳。

巉巖 — 多病血光

巉巖指的是住宅周圍，尤其是前方或後方，有凹凸不平的建物，或破碎凹凸石頭的山形。

居處宜以大地山河為主，其來脈氣勢最大，關係人之禍福最為切要。若大格局外形不善，住宅的內部形態格局得法，終不應視之為全吉，故論宅外形為第一緊要。

在現代建築物來說，就是銳角建築景觀，又在您住家的凶方，如尖角在南方屬火災，又有二五同宮，大門口卦線又是衰卦，在該方如有動土，則會產生頭疾、眼疾、心臟病、官非、紛爭、血光之災不免，宜小心為佳。

化解方式：

如是自家則應避之不動，若逢非動不可則需以宅向之卦氣配合主人本命年卦氣之，再以玄空大卦配合天星奇門九天玄女一二〇甲子擇日秘法，配合八字紫微命盤來選擇三奇入會，並以道家之符咒，或按置九頭靈獅或九龍寶璽壓制，方可制化之，如此則正如易經所云：「夫大人者，與天地合其德，與日月合其明，與四時合其序，與鬼神合其吉凶。先天而天弗違，後天而奉天時。」之理不謀而合的最佳應用法門。

形狀如巉巖的建物。

住宅的玄武方皆是巉巖的山形。

坡坎邊緣——險象環生危機四伏

坡坎邊緣的住宅，基本上地基不穩，多半為一邊比較高的山形，另一方是很深低窪地。古人云：「山管人丁，水管財。」即有山有水，且秀山存水之地乃真正風水寶地，在下圖中的這種地形，山形陡峭、地層不穩，山水皆不吉，遇雨或地震極易土石崩落，也沒有足夠的通道緩衝，這是財丁皆不利的格局。

郭璞《葬經》：「木華於春，粟芽於室，氣行於地中。其行也，因地之勢。其聚也，因勢之止。古人聚之使不散，行之使有止，故謂之風水。」

郭璞對風水的定義明確說明風水是形、理、法的結合，即龍、穴、砂、水的形與勢，也就是由自然環境所構成的風水先天條件。這是構建風水的基礎，屈原《卜居》所謂：「夫尺有所短，寸有所長，物有所不足。智有所不明，數有所不逮，神有所不通。」

坡坎邊緣的住宅遇雨或地震極易土石崩落。

坡坎邊緣的住宅山水皆不吉。

由於使用的場合不同，一尺也有顯得短的時候，一寸也有顯得長的時候。比喻人或事物各有所長，也各有所短，風水操作也是一樣的道理，不要固執的只會採用單一法則，單一派系而統攝一切堪輿，故不可一概而論。

化解方式：

1、一開始就避開不在此處興建屋宅。

2、已興建之屋宅建議三十六計走為上策，但成物不可廢，可以作為堆放雜物之所亦可。

牆缺壁裂 — 受傷與損財

牆缺是破敗的現象，可依形態論斷官非、受傷、損財、爭執，比較大範圍為破碎，煞氣方位可配合挨星圖及八卦屬象斷事物，三元地理用二十四山方位斷凶象。

壁裂較牆缺為輕，也屬破敗之一，因現代建築進步，牆壁除代表人體皮膚疾病外，配合流年煞星到臨之方位二五同宮時，凶性增強，兩種不同之壁裂，會有不同凶禍的發生。

屋宅外牆殘缺。

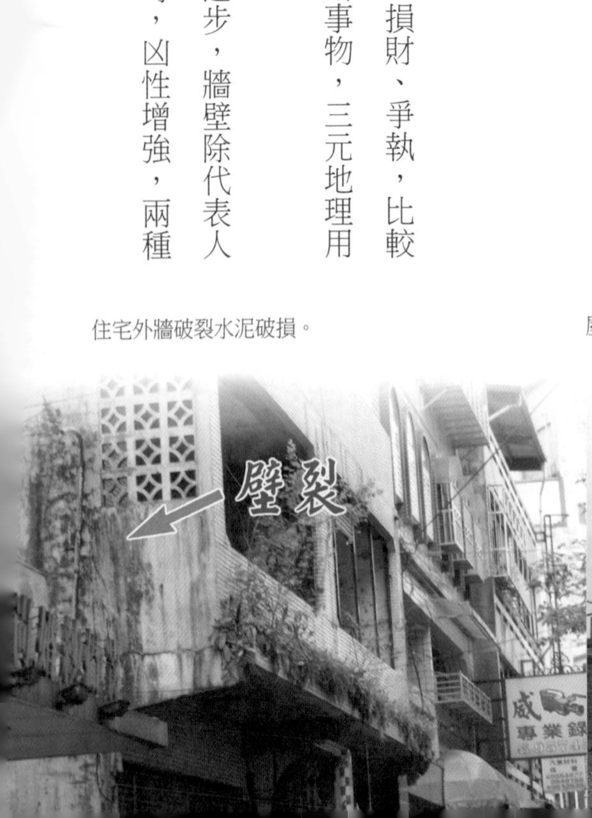

住宅外牆破裂水泥破損。

外牆就像人的顏面，門兩側是臉容，牆壁必須定期粉飾，不容許鐵銹腐蝕、油漆脫落、水泥破損現象，風水學家認為這些現象是因為家宅氣運消退或人為的造成，長期在這種地方進出會減低鬥志，缺乏上進心，從而影響事業。

陽宅學正如《繫辭傳》所云：「仰以觀於天文，俯以察於地理，觀鳥獸之文，與地之宜。」此涵蓋天、地、人綜合共生互利，共存共益的一種依長期經驗得來的環境景觀科學。

化解方式：

1、若是牆面壁裂須盡快補強，將水泥破損處修復，不要讓結構的鋼筋遭受腐蝕，油漆脫落也可重新粉刷。

2、若是如一二〇頁之右下牆缺或牆面大範圍的破碎時，最好能與鄰屋一起重建，或是三十六計走為上策。

住宅下的水溝 — 前途愈來愈暗淡

住宅地面三米以下有地下河流，或者有雙層匀叉的河流，或者有坑洞，或者有複雜的地質結構，都可能放射出長振動波或感染輻射線或粒子流，導致人頭病、眩暈、內分泌失調等症狀，舊時風水師只知其然不知其所以然，雖然不能用科學道理加以解釋，但是在實際操作中卻也在自覺與不自覺的採取回避措施。這就是經驗的累積所做出之反應動作，雖不能以科學解釋，但確有其事故，不得不信。

因此，宅外之收氣及宅內之調氣和門窗之納氣，必須互相配襯才能發揮出風水上的取長補短之效益。住宅下有大水溝經過，則地氣不能上承，人氣與地氣就互相阻隔，也可以說是上實下空，家運一直走下坡，錢財成空。

氣是風水學最重要的組成部分，其理論和方法都是圍繞在藏風聚氣這個問題而展開的。不但人的活動是由氣所帶動，自然界植物的生長也受到地氣流動的影響。

假如地氣流過一個地方的表面，由於氣很多又很強，在那上面的植物就會長得很茂盛；如果地氣從深處流過，由於氣小且弱，在上面的植物就會長得稀疏，甚至變成了沙漠地帶。

化解方式：

此類房屋久居不利，宜搬遷為最佳化解法則。

近車站 — 聚財之地

一直以來，車站附近都是開店的黃金位置，這裡的商店幾乎都

住宅下有大水溝經過，地基被水流淘空，此類房屋久居不利。

是客源不斷，生意很興隆。在風水理論，道路被視為是河流的象徵，而行駛的車子就是河流中的水，車站就是匯聚這些水流的地方，故有車水如流、車水馬龍之謂。

住宅極重水局，以水局論財運之吉凶。四周的水分為六種，第一是朝水，如九曲水、洋朝水。第二是環水，如腰帶水、彎弓水。第三是橫水，如一字水。第四是斜流水。第五是反飛水。第六是直去水。

所謂水能聚財，無論是汽車站、火車站、公交站、地鐵站還是碼頭，它們所帶來人來人往的人氣人潮最終都會匯聚在此，車站也因此成為聚財之位，而其中亦有好壞衰旺之分。

加旺方式：

根據地形的特點，視實際情況加以擺設能夠提升生意的吉祥物。並且要根據來水、出水（人來人往之徑）、店面的坐向、格局，主事者本命，更重要的是店面生意的屬性，配合這些主要、次要條件，以天星奇門擇日和易經六十四卦擇日法及九天玄女一二〇甲子擇日秘法，配合本人之八字紫微命盤的格局、方位、時間點來擇吉，選擇開市、動工、修造、安神日課，如此才能將風水格局提升至最高的程度。

臺北車站是高鐵、台鐵、捷運共構，因此車站四周環繞許多重要的行政與商業單位。

排風管在45度角 — 人事上多紛爭

建築物面對的外圍，尤其是在45度角的範圍最不宜有形煞，建築物外圍上常見有排風管、一條主幹加上分支，或是電線桿電線枝節攀爬，這種形狀有如很多開口，不論是任何的物體，所謂有形就有煞。

建築物面對的45度角範圍是一個敏感的角度，左前方與右前方各有一處，陽宅的曜煞方大多在此方位角上，故其影響力也跟著增加。若逢流年、流月三合吊照，或合照與正沖就時常會有相關的克應事件發生。

面壁思過 — 失運少貴人

一二五頁圖中所示屋宅，是後有水，前有山，與傳統的前有水後有山之山水方位正好相反，原本後方應該有山，圖中之案例後方反而有水，而前方應該有水，但是圖中案例卻有山壁高出住宅甚多，而且山壁離住宅又很近，有點緊逼壓迫住宅的感覺，住

台北車站的廣場邊緣45度方位有大型排風管，不僅影響市容景觀也會造成人事上的紛爭不斷。

在這樣的房屋如同面壁思過一般。如果前有山，而其山離住宅太近，則不管是上山下水或旺山旺向，皆為不利，切記！

如果都市之住宅的前方面對高牆或河堤阻擋，高牆或河堤若離住宅太近又緊迫，這樣的住宅同樣犯了面壁思過的煞氣。《漢書．韓延壽傳》：「因入臥傳舍，閉合思過。」三國蜀．諸葛亮《黜來敏教》：「自謂能敦厲薄俗，帥之以義。今既不能，表退職，使閉門思愆。」閉門思愆，意即閉門思過，圖中的陽宅情景正如武侯之閉門思過的情景。

古書以「山管人丁，水管財」為原則，根據住宅所處地理環境、位置及水法來衡量財運及地旺衰。一般風水選址都要選擇前有水，後有山的地方，即前有水流穿過，後有山峰為靠，境內層巒疊翠，當然還有許多其它講究。首先應該明確來水與去水的方位，根據來水與去水的方位，同時參照四周環境及山峰形勢來確定符合其理氣。使其住宅更加符合風水要求，以蔭益居住於此的家族成員。

這種山水反背的格局若又逢玄空飛星，山亂水顛倒，是為財

住宅面對高牆或河堤阻檔。

屋宅前方面對山壁，後方濱臨水邊，是為背水。

丁皆不利。而其中也有一些例外，假設進住的時間點從玄空學而言，飛星正逢上山下水格局，這種格局如果配合的山水是前有山，後有水，則是財丁兩旺，但若前山離住宅很近又緊迫，雖是走運但也肯定不吉，因此形局的好壞，有些不可獨論，巒頭如果沒有配合理氣，就可能會偶而失誤。

山形粗惡 — 久居人丁離散

粗惡頑硬者，山形無氣，頑而急峻。蓋此等頑硬，非峻直即多倒地直急之山，或為不毛之地，植被極少，生氣耗散，本無融結，不可立穴。若不知避此而誤下之，惡石巉岩之地，久居之必然人丁離散，需遠離他鄉者或能發展。

陽宅地形之所宜忌，亦于形而察之耳。蓋取其乘生氣也。而氣囿于形，因形察氣。故山粗惡者其氣暴，山單寒者其氣微，散漫則氣亦散漫，虛耗則氣亦虛耗。

不但立穴欲其清奇，忌其粗惡，凡至一縣一鄉，其山形醜惡、粗蠻，亦必其地多凶險之事，為人丁頑冥好勇，民好爭鬪，此亦氣相召感之理耳。

風水的生死，生死者，言其取捨也。夫千里的來龍，只不過一席之地，如果不是生死之別，則有什麼可抉擇的！生死的說法不是單邊的只指人之生死而已，大凡有氣的為生，無氣的則為死；脈

屋宅前方面對山壁，後方濱臨水邊，是為背水。

活動的為生，粗硬不動的為死；風水理論認為，氣是萬物的本源。太極即氣，一氣積而生兩儀，一生三而五行具，土得之氣，水得之於氣，人得之於氣，氣感而應，萬物莫不得於氣。正如《道德經》所言：「道生一，一生二，二生三，三生萬物。萬物負陰而抱陽，沖氣以為和。而道生一之一即為太極，而陰陽二氣所孕育的本體即是「道」，三是天地人，三生萬物，萬物是萬事萬物，沖也就是所謂的中和，也就是「沖氣」，然而萬物的本身就有陰陽，不需要向外求，只要把握到「沖氣以為和」，就是陰陽二氣的平衡中和，就能生生不息。

明代的風水大師繆希雍在《葬經》中指出，應當通過山川草木辨識生氣：「凡山紫氣如蓋，蒼煙若浮，雲蒸藹藹，四時彌留，皮無崩蝕，色澤油油，草木繁茂，流泉甘洌，土香而膩，石潤

山形粗惡頑硬。

而明，如是者，氣方鐘而來休。雲氣不騰，色澤暗淡，崩摧破裂，石枯土燥，草木雕零，水泉乾涸，如是者，非山岡之斷絕於掘鑿，則生氣之行乎他方。」

可見，生氣就是萬物的勃勃生機，就是生態表現出來的最佳狀態。屋宅若是遇上粗惡之地形其化解的效果不彰，應盡速遷移才是良策。

屋宅重心不穩 — 意外災病一齊來

人類雖然可以改變其周遭的環境，但宇宙的法則卻不會因為人的意志而稍加改變。古今中外許多的先聖先賢在在提醒著人類，只有順應宇宙的特性，才能安身立命於天地之間，若房屋的上樓層的建築比樓下大，此為頭重腳輕，重心不穩。

住於此種宅形者會背負或承擔的精神壓力較重，讓人喘不過氣，或是容易患大頭病，做事易產生不切

山形為植被極少生氣耗散。

實際，時常為錢財奔波勞碌，收入有限付出更多，錢財容易左手進右手出，或是未經由小心求證就大膽投資而造成損失。此外長輩住這種屋宅也較容易為子女背負責任，日久心神不寧，憂心忡忡，患得患失，極易造成意外事件發生。

化解方式：

1、上圖之建築可以將樓上的建物縮小，拆除掉一部份，使上下樓層的面積均等。

2、中圖可以將一樓的四面牆封閉，使之由虛轉為實，看起來就比較踏實而不會那麼空虛。

3、下圖將三樓加蓋的部份折除，只保留加蓋部分三分之一的面積或保留到與樓下一樣的大小，屋頂範圍就會大幅縮小，避免頭重腳輕及上寬下窄之情況發生。

上圖　屋宅上闊下窄頭重腳輕，導致重心不穩。

中圖　屋宅下空上寬，重心不穩。

下圖　屋宅屋形上闊下窄，頭重腳輕。

大樓獨高——孤立無援如樹大招風缺少貴人

孤高的住宅，是屋宅比周圍的建築物高出很多的樓房，如金雞獨立之狀。若選擇辦公室的地點時，最好不要選擇比周圍的樓房單獨高出很多的大樓。

從風水學的觀點來看，如果辦公大樓的青龍位、白虎位、朱雀位、玄武位都比自身低矮，看上去就會像一座孤島，因為沒有周圍樓房的保護，容易受四方風面吹蕩的影響，使氣場磁波卻無法停留下來，很快就流失消散了，就是所謂的風吹氣盪，這也不利於商業活動，這會使財氣好壞變換很快而莫測，錢財守不住。如果選在這樣的辦公大樓中工作，容易陷入孤立無援的狀態，生意上難以得到朋友的幫助和扶持，也會使員工的流動性較大，人事無法穩定，很難留住人才。

化解方式：

1、這種格局屬於先天不足，很難化解，假如是獨棟式的樓房，在最高的那些樓層避免作客廳或臥房或辦公室。高的那些樓層可以規劃為儲藏室或客房。

2、因土地取得因素，必須興建如此孤高大樓，動工之時，記得在樓房動工以前，要以龍銀元

大樓獨高孤立無援如樹大招風難以留住人才。

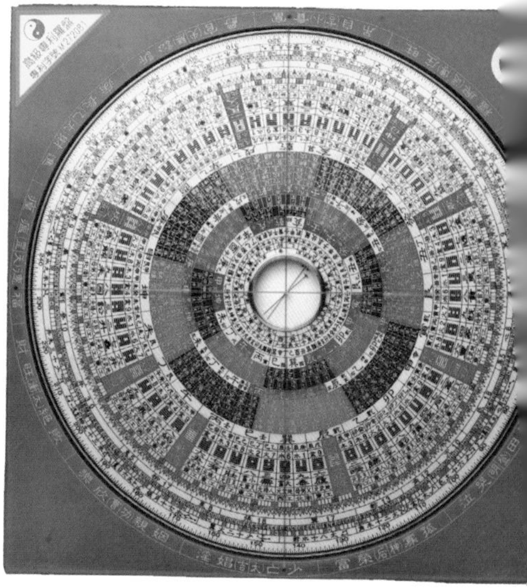

三元天星綜合羅盤

三十六個及安置三元天星綜合羅盤，和龍神符安置在吉旺生氣方，並以奇門遁甲、天星擇日九天玄女秘法以取天時、地利、人和，良辰可奪日月之精華，鍾山川地靈之氣。

3、完工後在樓頂的最上方露台上依先天卦氣、後天卦運安置一先天八卦及太極銅版，以為扭轉乾坤，穩定氣場之配合。並須以七政、天星、九天玄女一二〇甲子及奇門遁甲再合宅主之出生年月日時之命盤並配易經六十四卦來選擇吉日。

4、指南車為黃帝所發明，是中國四大發明之一，羅盤是由黃帝所發明之指南車延伸演變而來，相傳黃帝大戰蚩尤屢戰屢敗，後來得九天玄女授黃帝針法及遁甲之術，而大敗蚩尤於涿鹿，以平定天下。

羅盤內之天池有指南針，永遠恒指南北，不受任何天候、氣候和地理環境磁場及其他因素之影響，這與地球之磁力場的南北極結合，此為天地間神奇奧妙的地方。

羅經俗稱羅盤，是研究堪輿學必備的工具之一，羅盤內有廿四山，代表廿四個方位，內含先、後天之八八六十四卦，先天卦為先聖伏

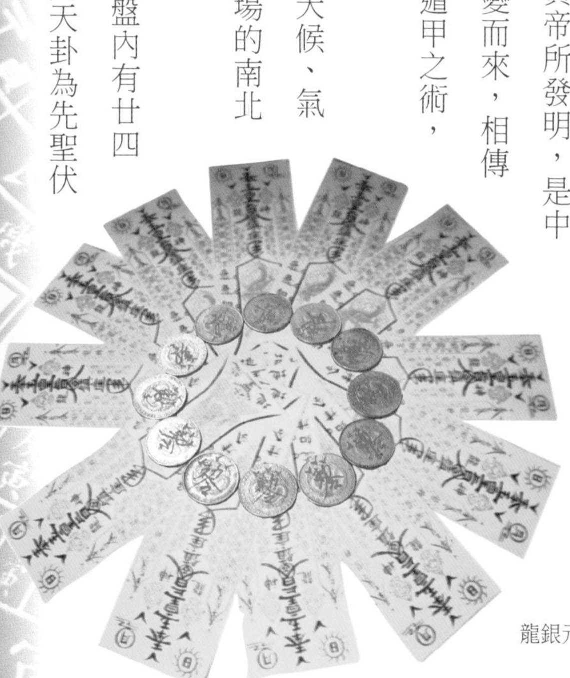

龍銀元和龍神符咒。

義氏所創，後天八卦為周文王所創，而本人精製之羅盤亦納有連山、歸藏祕法，盡在盤中展現，不僅如此，盤中又隱含有奇門遁甲之機及並合二十八星宿之開禧度，又以現今天文科技之精確排例出現今天星宿度，便於能更精準的使用於消砂壓煞法。

其中週天三六〇度之意涵，是象徵著天圓地方的宇宙之涵蓋，故自古以來羅經（羅盤）即有被古人認為有壓煞、鎮邪、避禍、趨吉避凶之功能，因此古時每在建屋蓋廟或官衙之時，必將羅經埋藏於其宅院內，以防受妖魔鬼魅之侵擾，或藉以壓煞、除陰避邪，以確保宅內人口之安寧。

5、週圍的四面陽台應置盆景以檔住外來不穩之散氣，並且可以遮蔽強烈的陽光從四面八方直射而來，還能避開玻璃牆的反光煞，並可在四週各按奉風獅爺或九頭靈獅以避開迴風煞或盜風煞，盆景的數量需以宅屋卦氣或四週大門納氣為標準來決定按置幾棵盆景。（參看一五七頁之圖）

高高山頂立——風煞過境不勝寒

建在高山頂上、曠野荒地上，禿出單獨無依，四方沒有可擋風保護，易生風

這類陽宅形勢格局有冒險的精神，宜出外發展，在家鄉反而不利。

曲高和寡，高處不勝寒。

煞。建在懸崖峭壁、海岸、禿出、山頂最高處，都易患孤獨怪癖，久住則個性孤傲，產生風濕病，也易有盜劫。

地理無他。陰陽而已。凹為陽以氣浮于外也。凸為陰以氣隱于內也。如陰陽不分明。陰陽不交媾。則不能化生。無地理矣。地理風水的祖師爺楊筠松與曾文迪問答：「曾問何者為陰？何者為陽？楊曰：陰陽兩字乃地理之權衡，形氣之造化。形以聚氣，氣以成形。形氣既分，造化可考。陽氣形凹，陰氣形凸。陰變陽是窩腌慳鉗，陽變陰是肥突滿乳。陽龍來則陰受穴，陰龍來則陽受穴。」

化解方式：

1、可將琉璃精製之龍馬及龍龜置於陽宅旺氣位以納收生生不息之氣，以及制小人增貴人的靈動力，龍馬具有易經乾卦的意涵，代表「天行健，君子以自強不息。」此外，龍馬負河圖乃祥瑞、太平的徵兆，所以放置龍馬會產生祥瑞、太平的靈動力，龍馬有著莫測高深、深藏不露、變化無窮、轉危為安、以少勝多的致勝特性。

龍龜背負洛書顯天機、通三才，威武剛強、忍辱負重、以靜制動、以柔克剛、剛柔並濟主仁慈長壽，顯靈氣，龍龜載納天地山川之靈氣，祥和化煞應仁壽，龍龜之龜背、龜尾有制煞解厄之效，龍頭有賜福招貴統領天下之意，龍主

圖中屋宅位於山形陰陽不分明與陰陽不交媾之地。此種樓房厝居因龍脈還在行走，尚未停駐，陰陽不分明，陰陽不交媾，此為危地，若逢地震或大雨過後，應注意地基是否被沖刷，土石流失之患不可不防，住宅四周宜多植樹木，或可稍微減緩土石流失，終不宜久居。

乾坤九龍寶璽

貴氣變化莫測而龜同歸，有衣錦榮歸、圓滿歸宿、實至名歸之靈動力，更有載福、載壽、載寶、滿載而歸、歸庫之意。（參看一〇六頁之圖）

2、可用乾坤九龍寶璽來鎮壓龍氣，使地龍氣不虛浮散漫而穩定，同時還能掃除負面能量。九龍寶璽一言九鼎，佛陀和太上老君出生時，皆有九龍攀旋獻瑞或吐水沐浴佛身的典故，再加上印璽是行使職權時的徵信器物，是極度精緻的王者象徵，猶如具備天子之威、統率三軍、君臨天下、威震乾坤，具有掌握權柄、壓煞制小人的無形能量，讓您霸氣十足、尊貴無比，仕途順遂、升官如願。

龍馬

3、在大門上可置八仙綵（彩），以為八仙過海，各顯神通而熱鬧非凡以化解曲高和寡之煞氣，內中又有水，是為山靜為陰，水動為陽，取陰陽相生而成萬物之靈動力。

4、可在衰運方位設置一水池，以轉衰為旺，水池內中之水可配合奇門放置吉祥物及五庫水，再配合祈禳之法以行之，但是此法必賴高明風水師裁定造作，否則失之毫釐，差以千里。

八仙綵（彩）

獨棟屋 — 門戶漸衰運勢飄泊

平陽地區，周圍沒有任何建物，只有一棟住宅頂立著，此為獨棟屋。平洋之地，四面無遮，則不免受風吹之。門隙窗罅，有賊風射入，或刺背吹頭，則其冷如箭，生氣盡洩，人財皆失。

平陽的論法，高一寸為山、低一寸為水，所以在平陽之地，四方沒有房子，獨棟的住宅，四面又沒有圍住，氣則不聚，故而財不聚，或人較孤立不合群。

孤山獨壠，四面無從，或臨穴孤露而不藏聚者也。楊公云：「龍怕孤單穴怕寒。」故立穴處貴其周密煖固，而忌其單露孤寒也。凡孤寒之穴，主財源漸少，孤寡之象，漸以絕冷，門戶衰薄，發展有限。其中亦有例外者，如大樓的整體坪數很大，又有植被圍牆護衛而且其佈局又合於元運，若再能配合主事者的八字命盤格局作住宅內部格局規劃，亦能成為「富局」。

平陽地區陽宅主要宗旨是在於認識地勢為陰陽交媾之地，也只有陰陽交媾這樣的地方才有生氣。陰陽交媾有兩方面的含義：一是男女交媾，二是天地、山水交媾。《易》稱乾為天為父，坤為地為母，所以說交泰就是天地陰陽相交，萬物化醇。只有在有山有水的優美環境中，並求得陰與陽自然的平衡才是吉地。

屋宅在平陽地區周圍沒有任何建物。

陰陽學說認為宇宙間任何事物都具有既對立又統一的陰陽兩個方面，陰中有陽，陽中有陰，孤陰不生，孤陽不長，經常不斷地運動和相互作用。這種運動和相互作用，是一切事物運動變化的根源。

古人把這種不斷運動變化，叫做生化不息。《素問》陰陽應象大論：「陰陽者，天地之道也，萬物之綱紀，變化之父母。」事物的變化是由事物本身陰陽兩方面，不斷運動和相互作用形成的，事物的生成和毀滅都是來自於這個根本法則，一切事物都不能違背這個原理法則而獨自存在。

種植樹木植栽來擋煞氣。

化解方式：

1、是故平陽地區獨棟屋四面要有圍牆，並在適當的距離種植濃密的樹木，但不可使植物太茂盛或離住宅太過於近逼，而被掩蓋或檔住門庭，反而是陰氣森森。

2、可將琉璃精製之龍馬置於陽宅旺氣位以收生生不息以及制小人增貴人的靈動力。

3、造作圍牆之時應先建好家宅，然後再砌圍牆，且圍牆之高度不可過高，必須有一定的尺寸。

琉璃精製龍馬奔騰。

4、可以用琉璃精製之龍龜置於陽宅旺氣位以收威武剛強、忍辱負重、以靜制動、以柔克剛、剛柔並濟、仁慈長壽之靈動力。（參看一〇六頁之圖）

5、可用乾坤九龍寶璽來鎮壓龍氣，使地龍氣不虛浮散而穩定，同時還能掃除負面能量。

6、在大門上可置八仙綵（彩），以為八仙過海，各顯神通而熱鬧非凡以化解孤寒之煞氣。

火型煞 — 火形燭光易成回祿之災

住宅正面或側面，只要是發現火型三角尖煞為凶，建築物形狀成銳角多邊，屬於火型煞。如顏色又呈現紅色、黑色，則危害更大，如果屬灰色、白色，凶性較輕，選購住宅居家，不可不慎，如有火型煞沖射屋宅時要以沖射方位來論斷吉凶。

如有廣告招牌形如火把和燭光，又在三角尖的地帶，對面的房子容易造成回祿之災（火燒房屋），色澤又漆紅色，因紅色屬火，而且是位於東南巽方，東南巽方五行為木，形成木火相生，容易著火，火爍而難以控制會使財運好時一發即過，或者是居住者脾氣古怪，或身體有肝纖維硬化之症。

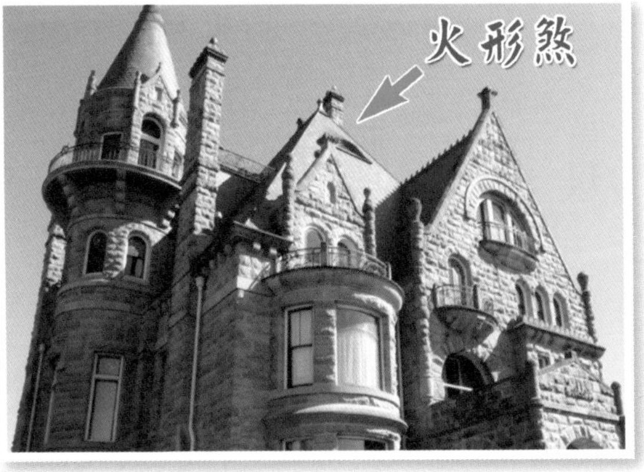

火形房屋。

琉璃精製之龍印寶璽

化解方式：

1、以住宅的方位選擇適合置魚缸的地方，內中須加些湖水或海水才有靈動力，或者是場地比較大的住宅可做水池、游泳池，如在北方則可形成「水火既濟」也能使居家店面更加興旺。但是屋內牆壁不可塗紅色或綠色，應以土黃色為佳。

2、最好配合元運卦氣，準確的將魚缸置於適當卦位，一方面可以化煞，另一方面可以觀賞及催財。或在居家三合生旺方或先天卦氣生旺位置按放琉璃精製之龍印寶璽，或琉璃水月觀音，或琉璃龍龜來制火化煞，以場地大小，以及主事者本命卦氣、陽宅立向卦氣喜忌來作決定。並以奇門天星和九天玄女一二〇甲子法配上六十四卦及紫微八字命盤來選擇吉日吉時安放吉祥化煞物。

琉璃精製之水月觀音

三角形的房屋－－造成速發速破，最終是破敗之局

三角形的大樓形成三角尖，或是大樓一半成斜坡形及側面三角形，在風水的觀點中這些「三角六尖」皆屬破敗之局，因為三角形及六尖陵形之屋宅，只要流年刑煞一到則成一發不可收拾之勢，三角六尖在五行中屬火，容易衍生出是非、破耗、損財，或凡事都受阻礙而衍生枝節，是非常不吉的造型。

琉璃精製之神龍大龜

三角型的辦公大樓

大樓側面為三角形

三角形的大樓

三角形在五行中屬火，擁有較為強盛的力量，並且不容易被控制。自古以來，三角形用地無論是在居家還是商業上都是避諱的，它的火性屬性容易使產業走向大吉大凶的極端現象，或者一發即過，容易使商業活動無法穩定成長，最終以破敗之局收場，對財運有著非常大的影響。

陽宅基址是前寬後狹，或是前窄後寬成三角狀的地勢，居住於此必定是常年四季不得安寧，到頭來資產敗盡，哀歎聲不絕。前寬後尖者，又名為「火星拖尾」是為凶象，而兩者比較起來前窄後寬會好一些，但仍為不吉。

三角形的大樓不僅浪費空間，也造成風水上的諸事不順。建築師在設計上最好不要標新立異，造型奇特不但破壞了美觀，也造成居家不順，斜削之大樓氣勢不穩而成強烈之煞氣，讓居家不安。在建築設計上三角形尖頂雖是「創意空間」，在風水學的角度而言並沒有任何實質作用，反而造成屋宅易衍生是非，破耗損財，不利眼睛視力及心腦血管之保養，是大為不吉之造型。

化解方式：

1、將主要的功能區設在三角形的底部。利用空間規劃，盡可能將三角六尖的地方隔離，並設計出方形的空間做為主體的使用空間。

2、可將倉庫、機房、停車場等安排在剩餘的不規則區域，既利用了空間，又避免了沖煞。

3、在三個尖角的地方如環境許可的話，可以種植高大的樹木，通過樹木光合作用所釋放的能量促進氣場的流動，在美化環境、淨化空氣的同時，也減弱了尖角的沖煞，在零神方位可置四方池以為水木相生，而又可洩火尖煞，以化解火尖煞於無形之中，但是池內須在四個角落及正中央各置一開光加持過的琉璃精製之神龍大龜。

屋宅前寬後狹。

屋宅前窄後寬。

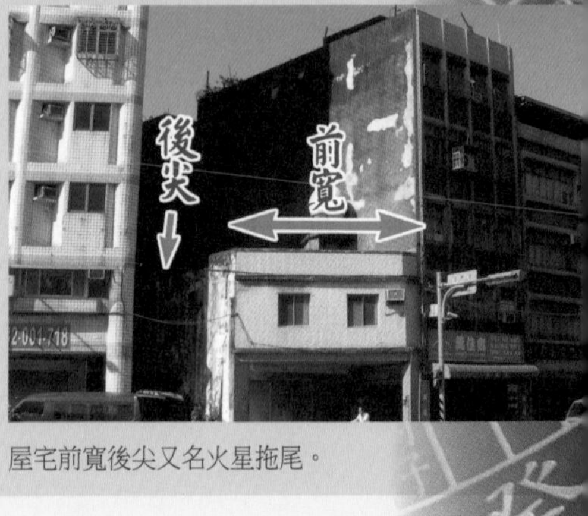

屋宅前寬後尖又名火星拖尾。

琉璃精製之武財神爺。

冰晶。

4、在屋內吉祥之方位安奉武財神爺，可化煞為權，藉權為用，而轉化為可賺錢之吉宅，則可轉敗為勝而大賺特賺，因為財神爺喜歡火旺之地。還可在家中放置水晶洞或冰晶，以穩定屋內的磁場，因水晶為半寶石，帶有水性，可稍為減弱火燥之氣。

剪刀煞 — 人丁有損血光災

宅前方由左右兩道路交會而成三角形沖射著本宅，或由三條或四條道路相交形成，如一把剪刀形狀或Y字形，稱為剪刀煞，主破財、損丁、意外受傷。

剪刀煞可以分成兩方面：一種是在剪刀的刀口上，另一種是在面對剪刀的尖鋒上。所以門前的路如果像剪刀那樣夾著住宅，也會讓這個住宅容易造成父子不和，家庭不安，最後變賣家產及家運衰退的後果。經曰：「有路行來似鐵叉，父南子北不寧家，更言一拙誠堪拙，典賣田園難免他。」宅前面對著馬路的角尖，成45度角相射著，犯之主血光之災。

剪刀煞若是形成在住宅的右方，也就是白虎方時，更會增加煞氣之凶性，頗有傷人之意。如

剪刀煞

剪刀口的位置有種植一大片樹木

一四三頁下圖剪刀煞出現在屋宅之白虎方，所幸此宅在剪刀口的位置有種植一大片樹木，濃密的樹蔭自然化解了鋒利的剪刀煞。再加上一四三頁下圖中所犯的可以看出剪刀煞其剪刀口呈現出圓弧形，更讓剪刀之凶性大減。

化解方式：

1、在剪刀口的地方安置神像，如圖中所示，有關聖帝君騎馬持大刀，可以化解。

2、可在面對剪刀口的地方安置三D立體山海鎮及石敢當或大石頭（須開過光），因石頭堅硬如鋼以解其煞。

3、在適當的位置可造作假山水池，假山上種植一些盆景，池水中需有蓮花及九如錦鯉（九隻）。

4、如不宜有水池，可在廳堂上正對剪刀口放置山水景觀油彩畫，須對準煞方及大門之納氣，以先後天卦氣卦運配合主事人及住宅坐向，再以天星奇門九天玄女一二〇甲子擇日秘法配合本命之卦氣、卦運合局，如此方能彰顯其效。

三D立體山海鎮

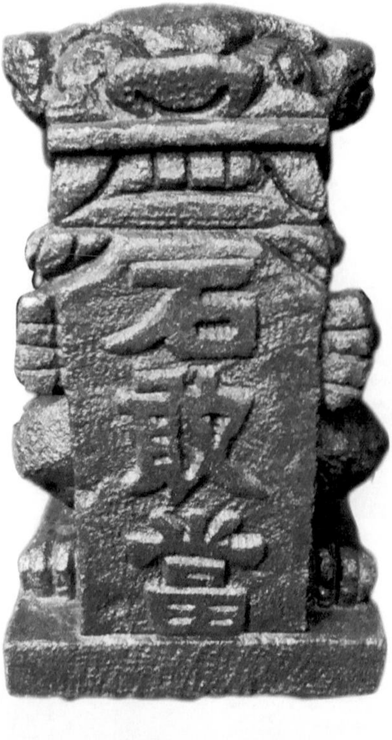

石敢當

開光大石頭。

關聖帝君騎馬持大刀。

山水景觀油彩畫。

沖背煞 — 長輩無助小人常圍繞

直路不沖前，而是沖住宅的後方，或者是水溝水流從背後沖，稱為沖背煞。陽宅遇此煞會常遇小人纏繞，被自己人或部屬朋友出賣，常遇腹背受敵之險況。

住宅的後方，稱為玄武，主掌上司、長輩的方位，被直路沖射，尤其是小巷的沖射，沒有長輩緣，無論再努力與再好的表現，都得不到上司的欣賞。

化解方式：

1、屋宅遇上沖背煞極為凶險，建議最好搬離方為上策。

2、可以將水流引開或改道，若無法改道時可以栽植一排植栽來檔煞，還要安置一蓄水池及八卦太極面對煞方來減輕煞氣衝擊。

3、沖擊之水流或道路若是改道反而形成反弓煞時，面對沖背煞或反弓煞時，可以植一排植物盆景成一直線來化解煞氣，還可放置三D立體山海鎮或石敢當，或經開光加持過的大石頭，用以化解煞氣。（參看一四四頁之圖）

沖背煞易造成意外、橫禍、病痛之象。

住宅背後有水沖射稱為沖背煞。

天橋煞 —— 賺錢辛苦人不安

陸橋（天橋）橫越或直沖於住宅門前，易造成破財及人口不安之現象，天橋若是直沖商家或住宅，或是對商及住宅家呈現出反弓的情形時是非常不好的現象，如果遇上這兩種情形輕則破財及人員受傷，嚴重則公司會結束營業而倒閉。《陽宅十書》中的〈宅忌架橋梁歌〉曰：「一橋高架宅廳前，左右相同後亦然，不出三年並五載，家私蕩盡賣田園。」

橫跨馬路的行人天橋也是屬於道路的一種，如果按照風水學的觀點，天橋屬於水龍，因此天橋口也可以看作是水口位，對於聚水、生財十分有利，靠近天橋口的大樓是很適合用來開公司。但是天橋如離住宅很近時造成有壓逼感或高壓之象，如此就不適宜居住或開店鋪門市，會有神經衰弱、個性古怪、多小人沒貴人、生意經營不起來、商家門可羅雀之現象產生。

化解方式：

1、放置三D立體山海鎮或石敢當，但是必須開光才會具有靈動力。（參看一四四頁之圖）

2、並植一排植物盆景用以化解，植物以不影響屋宅的空間和視線為主。

3、若成反弓直沖時，面對反弓及直沖處，除了山海鎮之外，可置一圓弧反弓回去。並對反弓之正面安置石敢當化解。

4、山海鎮是台灣各地及新馬、大陸沿海等地區，常見門楣上的一種吉祥物。依據《繪圖魯班

天橋直沖商家。

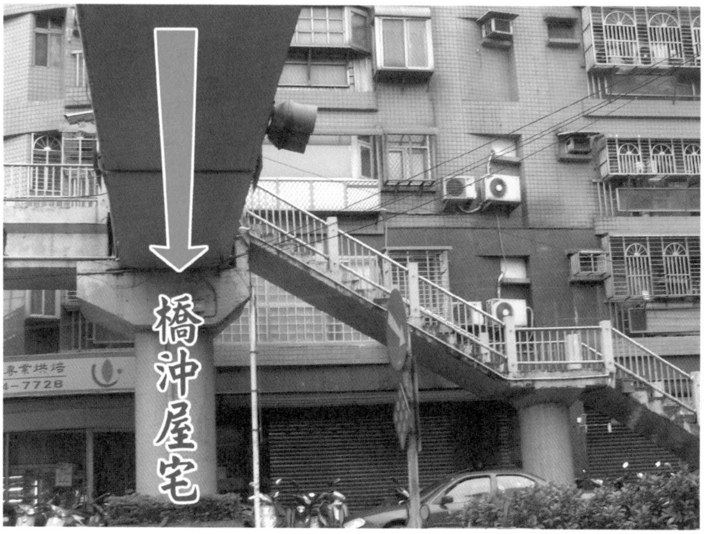

天橋直沖屋宅。

經》中所記載說明，凡門前有巷道、門、路、橋、樑、土堆、山峰、船埠、鎗柱、豆蓬柱等形煞沖害之障礙物時，皆可按置「山海鎮」，用以避制其無形之煞氣、沖害等，因主要是藉助「山海鎮」內的山、海及太極、八卦、日、月星體及道家所傳靈驗之鎮宅平安、招財納寶、百無禁忌、制煞之符令，來鎮住門前對不利的風水有害的沖煞物。

面對天橋反弓處可置一圓弧看板反弓回去。

校園圍牆旁栽植一排樹木，可以化解天橋沖射之煞氣。

天橋反弓屋宅。

飛簷煞 — 意外災來纏陰症

寺廟是陰氣凝聚之處，住得太近則並不適宜。如果屋宅四周圍可以看見廟宇的飛簷沖射，這就是所謂的「飛簷煞」。

寺廟是陰氣及神靈、靈氣凝聚之處，住得太近則並不適宜。寺院、道觀、廟宇的後面，均不宜居住，神廟尖角在五行屬火，屋宅對上飛簷煞時，會造成家宅成員或公司員工較易遇到血光之災、開刀、中風、頭部疾病、意外災禍、陰症、官非、爭鬥、損財。

宅之吉凶應內外配合，內勢與外勢互為表裡，內觀和外照應以相互呼應，兩者兼備方為不失偏頗，風水陽宅學與現代家居景觀設計

飛簷煞。

學融合在一起，掌握地利環境必然能夠獲得良好的生活空間。

屋形端正嚴肅，氣象豪雄，牆垣周密，四壁光明，天井明潔，建築規矩而集中，為富貴住宅，即使是運勢不甚佳的人，長久居住必會帶來好運，漸入佳境。反之住宅無依，四邊無靠，宅內設計擁擠不通，動線受阻，為孤寒之宅。建築物，東倒西歪，棟析梁斜，風雨入室，又逢尖射，主屋中人有病痛。

化解方式：

1、放置開光三D立體山海鎮及八卦獅咬劍，需對準飛簷沖射之處。（參看一四四頁之圖）

2、可置一對開光的琉璃飛天麒麟以壓住其煞，麒麟為古時流傳的五靈獸之中，左青龍，右白虎，前朱雀，中麒麟，故可化解蟲煞及飛天走

廟宇的飛簷沖射四周的鄰屋稱為飛簷煞。

壁之飛簷煞及白虎煞。（參看一五八頁之圖）

3、安置開光九宮八卦龍印寶璽陣以鎮壓此煞。（參看一〇四頁之圖）

4、可以懸掛八仙彩，因八仙可制神煞，正所謂八仙過海，各顯神通。（參看一三四頁之圖）

5、安置福祿壽三仙以面對飛簷煞來化解煞氣。

6、置放萬靈化煞千層斬刀鏡，以斬斷飛簷於無形當中。

八卦獅咬劍

萬靈化煞千層斬刀鏡

7、將已開光的葫蘆或者是八卦羅盤鐘，選擇吉日掛於受煞方的牆上。若宅主體弱多病，則於同一位置加放兩串明咒葫蘆。

8、飛簷煞如遇格局方正且大門卦氣卦運屬於旺卦線上之屋宅，若能配合催旺，可從事小吃攤、飯店、金紙店、水果攤等生意。

開光葫蘆

琉璃福祿壽三仙

孤剋煞 — 難得貴人相扶持

寺廟、教堂易聚孤剋之氣，由於這些陰靈的聚集廟宇、教堂四周就容易產生孤煞之氣，犯孤剋煞易造成家宅成員運勢低落，難得貴人相扶持。

化解方式：

1、於自家面臨寺廟或教堂之處，安置九宮八卦龍印寶璽陣，龍頭朝向窗外可化解煞氣。（參看一〇四頁之圖）

2、放置九宮八卦龍印寶璽陣可掌握權柄，壓煞制小人，可避免因為蓋章、擔保、訂契、合約所引起之無謂損耗及是非。可以化解官口煞、孤剋煞、無尾巷、虎高龍低、年月日時煞星（如太歲、歲破、劫煞、災煞、歲煞、伏兵、大禍等）。

3、可以懸掛八仙彩或福祿壽三仙以化煞而為祥和之氣。（參看一三四、一五四頁之圖）

孤剋煞

官門煞 — 易造成家運不順

軍營、警局、監獄、政府等機構，一般充滿肅殺、不祥、暴戾、薄情寡義之氣，如果住宅面對或與這些機構相鄰就會犯了「官門煞」，會影響家宅運勢，造成家庭成員與人寡合，孤傲不合群，或冷漠不近人情，諸事不順等情事。

化解方式：

1、於犯煞處按置一對九頭靈獅，並將獅頭朝向關門煞之處以化解煞氣。

2、九頭靈獅是為獅王之王，為太乙尋聲救苦天尊之座騎，可壓煞制惡，將煞氣轉化為權勢的靈動力，再將權勢的靈動力化為本身之所用，來助本人生旺，使本人生生不息的產生造福生福，旺財催貴化煞之靈動力。

屋宅面對警局。

3、安置福祿壽三仙以面對官門煞來化解煞氣。（參看一五四頁之圖）

聲煞——行為偏激睡不安寧

住宅附近有高架橋、火車軌道、機場飛機起降，或者剛好有地基進行打樁，都是犯了聲煞，會使居住之人脾氣不好，行為偏激的現象。高架橋下或旁邊的住宅，尤其對於喜歡清淨的人不適合在此長居。原本心地善良的人，脾氣也會漸次轉變為急躁不安，而初習參禪打坐者，在此居住則不易入定，容易走火入魔。

刺耳的噪音除了用隔音設施外，用其他的方法化解效果都比較差。住宅有此缺點，容易產生腦神精衰弱，久之聽力不佳、健康受影響。若風水格局較佳，坐山卦氣旺，則稍能減輕，但是對於健康依舊不利。

化解方式：

1、聲煞是一種不易化解的煞，若是在坤方（西南）出現，凶性尤強。

2、可以在坤方安放葫蘆或兩隻飛天麒麟，以吸收凶氣及鎮煞，但亦不能消除其煞之聲音全

琉璃九頭靈獅

住宅臨於火車軌道邊

高架橋是聲煞的來源之一

住宅在機場四周

琉璃飛天麒麟

部，最後再加上儘量關閉前面的窗戶，或選用較厚玻璃，或設置雙重隔音效果的氣密窗來隔絕噪音。

3、可在庭院前種植植被，但以不超過檔住門路之通道，也就是植被與庭院必須留有空間，即所謂明堂。因植物有淨化空氣，調節濕度及檔煞之功能。

4、如場地許可，可以用羅經格定方位，在吉利旺財處或零神處開一水池。因為水可以吸納電磁波及聲波（射電天文學），也是宇宙波粒兩性的光波之儲藏所，當然內中要五色細水晶，五隻開光琉璃龍龜，在五個地方排開，並配合法奇門擺陣。（參看一三八頁之圖）

屋小門大——打腫臉充胖子、大小不分、子孫不孝

住宅面積小，而門戶卻開得太大，謂之洩氣退財，不吉，因為靈氣盡洩所以造成不能聚財，還

會造成家中成員有打腫臉充胖子，大小不分，子孫不孝的現象產生。大門是住宅與外部氣場的區隔及交接之處，也是一家的顏面，房屋的外氣從大門口進入，就好像是一個人飲食呼吸的嘴巴、鼻子，其重要性可想而知。

化解方式：

將比例不適當的門拆除，換上比例適當之門，並且將換上門後的牆面裝修好即可。

屋大門小——屋宅閉氣不利健康

屋大門小謂之閉氣，主病，因為屋宅納氣不足，容易造成空氣不流通，不利於健康。屋宅氣流過於閉塞，也會導致居住此屋的人較為封閉，不善與人交流溝通，嚴重時容易引發身心失調的疾病。

門戶的方向，就是進氣的方向，方向是吉？是凶？是衰？是旺？關係重大。

至於住宅的大門設計，門的大小應適當，太大或太小都不理想，就是不論其是否生病或退財，單是居住起來也覺得不舒適，一定要配置適當才是吉宅。

化解方式：

將比例不適當的門拆除，換上比例適當之門，並且將換上門後的牆面裝修好即可。

屋小門大

屋大門小

突出的建物——背著包袱如腫瘤

一棟陳年的住宅，由於地方不夠使用，因而加蓋，在原有的結構上附加小小的附屬建物彼此相連，看起來不太雅觀，好像身體上長了瘤一般，或身上背著包袱般累贅，就屬此種格局。

風水學上認為，人所居住的房子與人的身體會互相感應，若在原本完整的結構體之外增加不合適的附屬物，就如同在身體生長出腫瘤一般，會引發疾病。如果能做好整體規劃，使增建物的外觀與房屋主題和諧相稱，便不受此格局的限制。

住宅合於巒頭形勢的風水格局，任誰住都是好地理；不論哪一家人，或什麼生肖卦命，吉旺之宅都是有利的。形局差的房子，誰住都沒好處。試想，一家人各種生肖年命都有可能，怎可能完全

住宅後方加蓋出突出的建物。

住宅窗台過於突出，好像身上長了瘤。

住宅側面呈現凸出之累贅建物。

用東四命住東四宅，西四命住西四宅的原則?如果住宅的巒頭結構出了問題，不管是東四宅西四宅皆不取用。

化解方式：

若能將住宅突出之物拆除，方是最佳化解方式。

宅形單薄狹窄 — 心性單純缺乏謀略

宅形單薄，會造成勢單力薄，寡福，獨行，不合群，垂頭喪氣，沒有鬥志，神經質，疑神疑鬼，只有單打獨鬥，凡事靠自己，缺乏貴人相助。宅形單薄因為深度不足，空間不好利用，也難以藏風

宅形單薄狹窄。

宅形單薄狹窄。

宅形單薄狹窄。

屋前小屋不利人丁

家門前增設檳榔攤的小屋。

聚氣，所以住於此種大樓，心性單純，沒有心機，缺乏謀略，不登上高職位，也就不容易存到錢，會財來財去，女姓住於此，容易流產，或不容易受孕，尤其是住在最高樓層這種情況會更嚴重。

《披肝露膽經》：「起不能伏，伏不起，此龍怯弱無力氣。起而即伏，伏即起，此龍氣旺力無比。」《金函賦》註：「凡行度要一動、一靜、一仰、一履、一生、一死、一頓、一跌方好。若粗蠢及瘦小者，為單雌。瘦小而崎走者，為單雄，名孤絕之地。」

化解方式：

此類形格局只宜暫居，不宜久住，否則費盡心思，也是事倍功半。如理氣元運方面是當運的住宅，也許會稍有所得，但是回收與付出永遠不成比例，故三十六計走為上策

屋前小屋 — 意外危機頻頻來

門前有水流、後面有靠山，從陽宅風水來看基本上是吉利的格局，但是門前有小屋可就是不利人丁。

帆布車庫形似棺材。

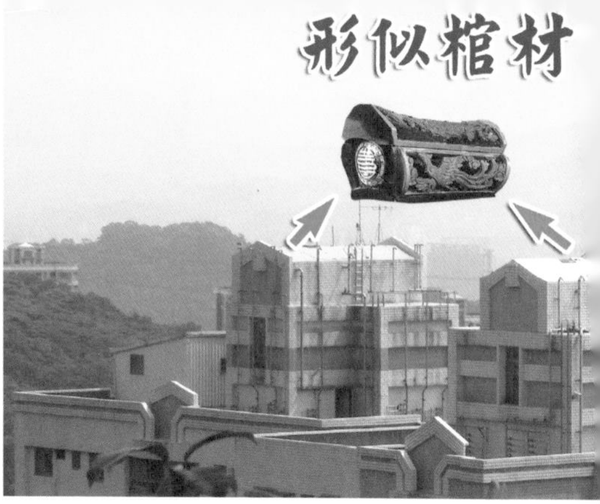

屋頂的建物形似棺材。

屋前小屋，堪輿學古書上說：「明堂崁小屋，喚作埋兒主少亡，正屋後面造穿堂，喚作停喪妻子傷。」《安居金鏡》：「門前橫造一小屋，無賴官司來得速，又主墮胎女不良，錢財耗散無餘粟。」其意旨是門口前方多了一間小屋子，那麼就可能常和人有爭執以及訴訟問題，另外，居住於此處的婦女，身體也較為不佳，易流產或不易懷孕。長此以往，則是耗盡錢財，人丁虛損。

化解方式：

為了放置工具，或者做為儲藏室，有些住宅的前後方會加蓋一小屋，稱為埋兒煞，主損小口，並犯胸膈不寬之症，小孩子最容易發生意外事件，這可是非常嚴重的風水煞氣，有這類情況就請盡速拆除。

棺材煞 — 人丁消損家道日漸凋零

房子的前方有一長型屋宅橫過，或者直沖門前，或者房屋建築的型態如棺材型者，即是俗稱的「棺材煞」。家中門前或屋後有「棺材煞」，出外容易發生意外凶災、橫禍、血光、損人丁以及家道日漸凋零。

一般陽宅書強調只是在住宅前面不宜有棺材煞。嚴格來說，住宅的四周皆不能有棺材型建物。愈是接近愈不利，其克應的時間會更快。外在環境有許多是個人能力無法改變的，勉而為之，也許更不符合經濟效益，如情況不佳而又無法化解，只有三十六計，走為上策。

建築狀似兩面牆壁夾住一圓弧型狀的陽台頂，或是建物外型似棺材，即犯棺材煞，或為停屍屋，如宅前小屋、宅後小屋、宅側小屋或屋前貨櫃屋·垃圾子母車·帆布車庫·前後對到圓拱形建築物。

龍鳳呈祥

化解方式：

1、屬於個人車庫或者可以移動拆除的建物，就要盡速處理。

2、棺材煞如果在天運生旺方，可聘請高明風水師以天官發財之法化解，但要配合宅卦和主人本命配卦及八字紫微命盤，以及天星奇門遁甲九天玄女一二〇甲子秘法，再加上六十四卦諏吉日以為天光下臨，地德上載，藏神合朔，神迎鬼避，如此就可既化煞又旺財，一舉兩得。

3、用龍鳳呈祥置於沖煞方。

4、大門懸掛八仙彩及家中按放福祿壽三仙。（參看一三四、一五四頁之圖）

5、擺設雙龍戲珠或九頭靈獅來化解煞氣，同時還能掃除家中負面的能量。（參

常見鐵皮屋或是貨櫃屋，遠看有如棺材一般。

自在觀音菩薩

看一五七、一九二頁之圖）

6、家中擺放自在觀音菩薩可以開運消災解厄、趨吉避凶、護佑身心、快速淨化負能量、強化吉祥磁場、趨小人避邪魔、化煞轉禍為福、消除年災魔難。

7、還可安置馬上封猴以為升官發財之意象。

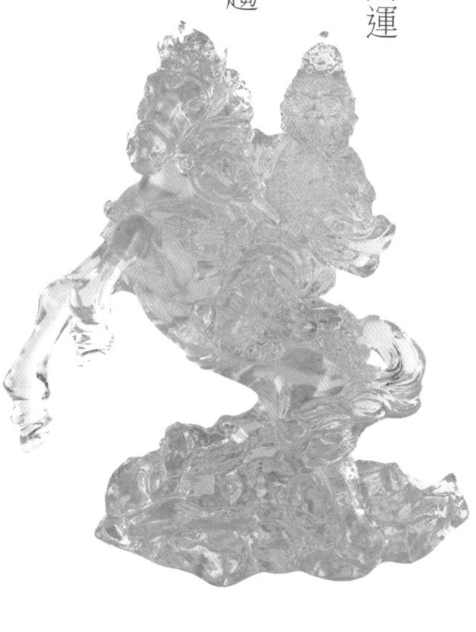

馬上封猴

住宅的前方（朱雀方）有小廟正對。

門前小廟 — 失運流年沖照傷損小兒

大門前方有小廟宇，如土地公、有應公等，均不宜在住宅正前方。其形猶如一小屋，若流年三合起，或流年刑煞沖照便會有人受傷，小廟是陰氣凝聚之處，住得太近則並不適宜。容易遇到血光之災、開刀、意外災禍、陰症。

化解方式：

1、放置三D立體山海鎮及八卦獅咬劍。（參看一四四、一五三頁之圖）

龍山

2、放置琉璃精製之龍山，需對準沖射處。

3、以火焰麒麟一對來化解，因為麒麟在五靈獸之首，居於宅中可臨制四方。五靈獸為：前朱雀、後玄武、中麒麟、左青龍、右白虎。

4、大門懸掛八仙彩及家中按放福祿壽三仙。（參看一三四、一五四頁之圖）

當頭棒煞——心腹疾患的危機

住宅前方對著一條直柱形物件如路燈柱、直立而高起之大樹、交通指示牌、電線桿或停車收費表正立著等，有如樹敵在前，如懸針狀，又有稱為穿心煞、懸針煞、當頭棒煞。犯之，會使宅內之人做事容易遇到挫折，頭部受傷或頭痛，筋骨欠佳，小人多多，做事缺少變通，木訥反應慢，易招血光之災，無妄之災，車禍等意外事件，或是非多及使子孫怯懦不振等現象。

化解方式：

1、最好將大樹或電線桿移往他處，如遇無法遷移之時，也可以種植一排植栽來檔煞氣。

火焰麒麟

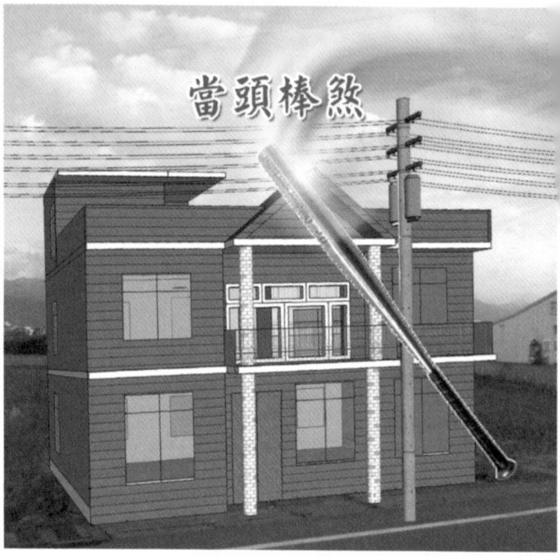

屋宅前方對著懸針

大型路燈柱直對屋宅如大槌子當頭劈下

2、在屋宅被對沖之處擇一吉時良辰，安置經開光加持之先天八卦牌或八卦獅咬劍來化解煞氣。（參看一五三頁之圖）

3、可以放置山海鎮或萬靈化煞千層斬刀鏡，將其斬斷成一小塊、一小段的碎斷來化解煞氣。（參看一四四、一五三頁之圖）

破腦煞 — 頭部疾患的危機

破腦煞是要前面的房屋或商店招牌比自己的房屋高，如刀刃往下劈，好像頭部被人用刀剖開一樣，或自己的房屋的上頂如人之頭有破碎稱為破

先天八卦牌

腦煞。如居住在此易有頭疼、腦中風之毛病，或精神萎靡不振，精神分裂，嚴重者易有破腦（開刀）之象，甚至在工作事職上易產生半途而廢，當頭棒喝之災，若走到流年煞運來沖時，必主一敗塗地，兵敗如山倒。

化解方式：

1、將住宅上頂之破碎或縫隙修復整齊，使之不見破碎之樣貌，並且中間不要有一線縫。

2、萬一不能改變時，最好的方法是走為上策。

3、放置泰山壓頂石敢當、山海鎮或萬靈化煞千層斬刀鏡來化解。（參看一四四、一五三頁之圖）

4、種植一些小型盆栽，但不可種花，更重要的是保持環境整潔。

藥罐煞 — 病床旁的點滴罐

藥罐煞是指從自家窗戶看到鄰近屋頂的水塔，彷彿看到醫院病床旁的點滴罐或是藥罐，會導致身體產生病痛；但古代並沒有水塔，藥罐煞很明顯是近代才出現的產物。

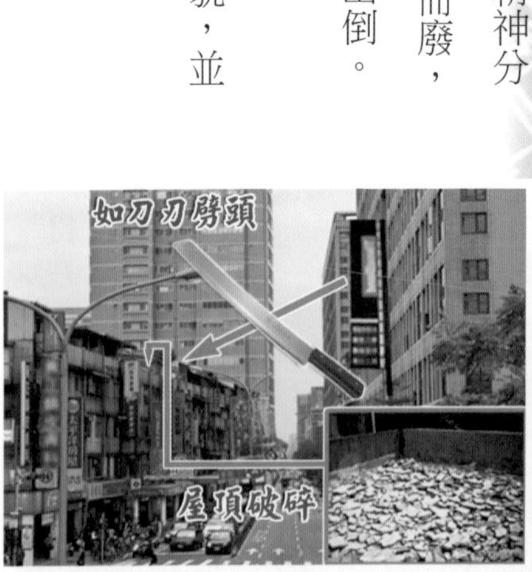

破腦煞

屋頂的水塔形如藥罐

屋頂水塔，宛如藥罐般，讓人感受到礙眼以外，還會形成壓力、壓迫感，不管它是什麼形，就是一種「煞」。

風水是生活中的學問與智慧，也要與時俱變，正如易經艮為山卦，隨著時代的變遷與生活環境更異，有些新的形煞會出現，有些古代才會有的刑煞則會消失，近年才出現的「藥罐煞」，正是古書所沒有提到的，風水師必需與時並進，即使古書上所沒有的煞，如水塔、變壓器、發射塔、高壓電等，也都必需要了解其克應關係。

化解方式：

1、在面對水塔的方向，擺設龍瓶以化之，龍瓶具有吸納水氣及增添平安之寓意。

2、安置藥師琉璃光如來佛或藥王或神農大帝於適宜的卦位上，並且方向是面對煞方。

3、可安置福祿壽三仙或八仙綵（彩）面對之。（參看一三四、一五四頁之圖）

4、可在面對煞方安置一對葫蘆，以收納煞氣，葫蘆必需是天然的，其效乃彰。（參看一五四頁之圖）

自家窗戶看到對面屋頂成排的水塔

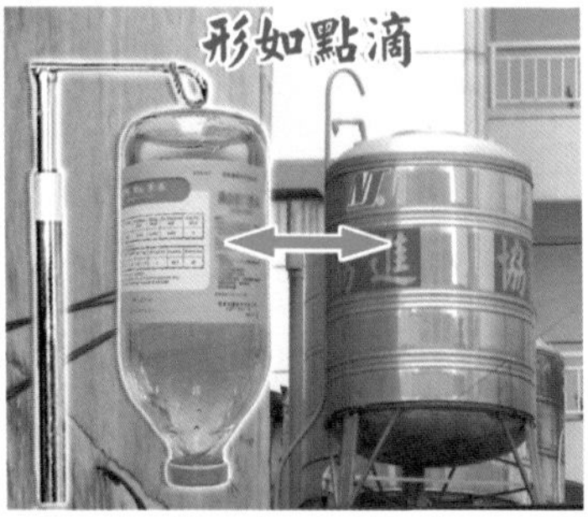

水塔形如點滴罐

龍瓶

藥師琉璃光如來

刀鋸煞 — 形如舌劍是非纏繞無寧日

創意的設計，住宅、辦公大樓，造形特異，帷幕玻璃採光良好，如下圖之建宅分棟成五等分，上下和前後其形如刀鋸，在無形中構成了如刀鋸鋒利煞氣之大樓，因此居住在此大樓或對面被刀鋸煞對到之住宅，則刑傷難免，在此營運之公司也會破敗連連，人事動蕩不安，無法硬撐下去。

化解方式：

1、安置八卦獅咬劍對著煞氣來襲之方以化解之。（參看一五三頁之圖）

2、栽植樹木來遮檔化解刀鋸之煞氣。

3、按置太極八卦圖如天羅地網使之無法動彈，凶性因受制而不發以為化解。（參看一六七頁

刀鋸煞

刀鋸煞

刀鋸煞

之圖）

4、可以放置山海鎮或萬靈化煞千層斬刀鏡將之斬為碎片來化解煞氣。（參看一四四、一五三頁之圖）

弓箭煞 — 潛藏的災害

陽宅前後方的圍牆上放有玻璃，或如弓箭狀及尖形之鋼鐵管，朝向屋宅直射，有如千刀萬箭穿心而過，稱之為弓箭煞（萬箭穿心煞、千刀煞、沖心煞）。沖犯到此煞之屋宅內人員，易有身體開刀病痛之災難，或意外的災害，或心臟突發之症。

雖然裝設尖玻璃或弓箭狀之鋼鐵管之目的是防宵小入侵，或是建築設計師的創意，但是相對地，也造成了對著此建築物的居家之人，會因尖玻璃及鋼鐵箭之煞氣沖射，而造

刀鋸煞被樹木遮檔可化解刀鋸之煞氣。

圍牆上如弓箭狀之鋼鐵管朝向屋宅直射。

大樓對面的建築物，其密密麻麻的弓箭造型有如萬箭齊發一般，造成千刀萬箭穿的殺傷力。

成與他人寡合以及口舌是非多，身體病痛也多。而圍牆太高，容易遮住明堂，也會導致前途受到限制。

化解方式：

1、應在前面植一整排盆景，盆景多少株及大小按照房至坐向之卦氣以決定，因樹木植物可擋弓箭煞。並在前面置一水池。

2、放置一先天八卦牌，內有太極，因八卦之形如天羅地網或如蜘蛛網一般，以纏繞網住刀箭之煞，使其煞氣受制。（參看一六七頁之圖）

3、可置假山水池形成假山檔箭水池落箭，但是池內須在四個角落及正中央各置一開光加持過的琉璃精製之神龍大龜，神龍大龜具有殼硬性柔之特性，可以以柔克剛。（參看一三八頁之圖）

屋脊煞——導致血光意外災病連連

風水上認為屋宅遇上屋脊沖射時，如同一枝利箭射向自己一般殺傷力十足，屋脊沖射容易導致屋中成員發生意外凶災、橫禍、血光之災厄，除此之外也容易導致屋中缺少男女主人或男女主人早亡的現象發生，如果屋脊沖射的是店家或生意場所，不但員工易發生血光災病，嚴重時會導致店家發生破財、倒債等情事。

不同方位的屋脊煞會帶來不同的影響及危害，如房子左側有屋脊沖射，代表易損男主人或長子，沖射屋宅右邊時容易損及家中女性成員。

化解方式：

1、將封神榜時期之黃飛虎正豎或橫立在屋頂上屋脊的正中央，面對鄰宅屋脊沖射過來的煞氣。要安置黃飛虎須請示神明或地理師，並選一個黃道吉日，經開光點眼後再安奉上，每逢年節也要奉上糕餅、三牲、酒禮、金紙及上好的清香（玉宸齋中藥材精製的香品）來奉祀。

黃飛虎是《封神榜》中之封神大將，原為受封為商朝武成王，因商紂王無道逼死其夫人，黃飛虎為反抗商紂暴虐，遂投入周武王陣中，共同舉義討伐紂王，後被商朝大將張奎殺死。姜子牙奉太上老君及元始天尊勅封黃飛虎為五嶽之「東嶽泰山天齊仁聖大帝」，執掌幽冥地府一十八重地獄，總管人間吉凶禍福。傳斯年認為黃飛虎是周代東方飛廉崇拜在民間的延續。飛廉，亦作蜚廉，是中國神話中的神獸，掌管風，被稱為風伯（風神），其形象為鳥身鹿頭或者鳥頭鹿身。

黃飛虎木雕

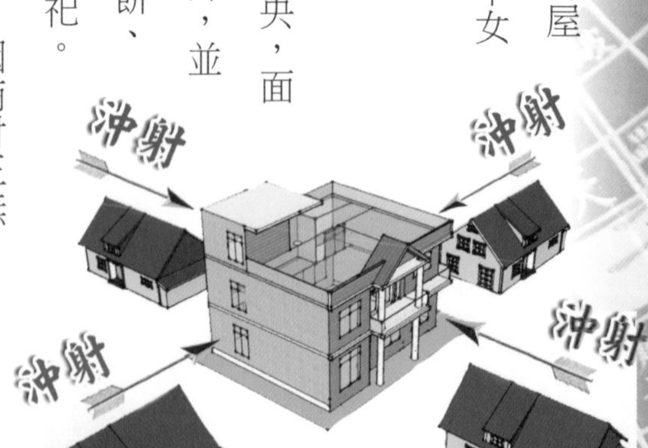

屋脊煞

黃飛虎正豎在屋脊的正中央。

2、按置獅咬劍或九頭靈獅加上三D立體山海鎮來化解煞氣。（參看一五三、一五七、一四四頁之圖）

3、按置萬靈化煞千層斬刀鏡來化解煞氣。（參看一五三頁之圖）

壁刀——以遠近定災傷的大小快慢

住宅、大樓的前後或是周圍，有牆面直接沖射家宅而形成壁刀煞。壁刀煞會造成屋內成員易有車禍及血光之災傷，或開刀手術之災病纏身。

化解方式：

1、安置三D立體山海鎮將煞氣化解。（參看一四四頁之圖）

2、用萬靈化煞千層斬刀鏡以截斷壁刀於無形當中。（參看一五三頁之圖）

3、或置經開光過之奇異珍石。

牆面直接沖射家宅。

壁刀煞

金門的黃飛虎俗稱屋頂上的風獅爺。

火尖煞 — 易遭受火災及病痛

住宅前面對一座大廈之牆角邊，其形如三角形，是為火尖煞。犯之主宅內人健康狀況差，家中易發生火災或家人脾氣爆燥、視力減退。

化解方式：

1、如果屋宅同時犯上火尖煞及流年凶星刑煞時，可在遭受五黃及飛刃煞沖射處的牆邊放置雙龍戲珠，因龍從雲從雨，在天可行雲佈雨而化解火災回祿之殃。（參看一九二頁之圖）

2、屋宅面對三角尖煞時，在那三角尖之地種植樹木，使之不成三角尖以化解煞氣。

3、在家中面對犯煞處安置龍龜可以化解煞氣，龍龜寓意為世人以柔剋剛及抵擋災煞禍害，其力量也可制伏太歲、歲破及種種有形無形之煞氣。龍龜在化煞方面既有龍的威武剛強，亦有龜的忍辱負重陰柔而長壽，是鎮宅化煞的極佳聖物。（參看一五九頁之圖）

這一道牆如同一把刀，砍向對面的大樓。

屋角沖射 — 家宅意外財受損

鄰座住宅的牆角正對著住宅的正門，或正對著窗口稱為屋角沖射。一般言屋角沖射為凶，主財氣受損，人丁傷亡。屋角沖射的方位，以其方位的卦氣定是為何種吉凶，或是斷定會傷及何人，何時會發生凶事。屋角沖射屋宅左邊時，主對家中男性不利，但依然是用卦氣為標準，屋角沖射向住宅的右邊傷女人。

化解方式：

1、採用三D立體山海鎮以化之，三D立體山海鎮有日、月及八卦圖，充份展現了以陽光鎮宅、壓煞驅邪之無形靈動力，配合柔和的月光而成天儀表狀，正如陰陽動而和諧以為生萬物之機，此圖之製作是實體拍攝而又五行順生的排列，山景青翠活潑莊嚴而產生了地靈龍氣之生動而轉化，傳播了好氣場、能量入家宅。（參看一四四頁之圖）

2、用飛天麒麟或萬靈化煞千層斬刀鏡或八卦獅咬劍來化解。（參看一五八、一五三頁之圖）

3、可放置開光加持過的凹面鏡，凹面鏡能將成像為縮小倒立

屋角沖射。

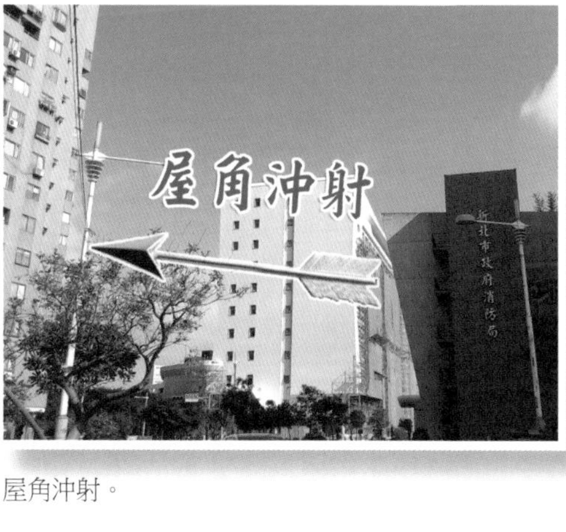

屋角沖射。

實像或成像在無窮遠處（不成像）的方式，把尖斜之物，由大化小或是有形化成不成形之作用。但是因為任何鏡子都兼具吸納與反射兩種作用，不能擺放在室內，使用不當也容易傷到對面的住戶，一定要小心使用。

菜刀煞 — 家人意外之災

大樓若是如菜刀形的外觀，不論橫豎都是選址時應該盡量避開的。如果是一般住家對上了菜刀形的大樓主血光意外之災。再者，水路從主體建築往菜刀的方向流去，形煞明顯的在水口方，故影響雖不大，但主財源有被凍結而成拮据緊張之象。

古人常言：「扭轉乾坤」，指的是命運流程所呈現吉凶成敗間的轉化與改善。地理風水實際所影響的效益是一種無形磁場靈應之轉化。而使人趨吉避凶，或藉以發財發富的求富貴或添壽之法門，所以公司選址時一定要避開對面是菜刀形外觀的大樓。

大樓形如菜刀。

凹面鏡化解屋角箭煞。

化解方式：

1、購屋盡量避免面對此形態之形煞，三十六計走為上策。

2、公司、住宅選址，一定要避開對面有菜刀煞的大樓，可在主建築前面裝置銅像，而銅像周圍有圓形花圃，造形如一太極，可以化解凶煞之氣。

3、在面對菜刀煞之處置泰山石敢當，以硬碰硬的方式擋住煞氣。（參看一四四頁之圖）

斷頭煞——缺少當機立斷的魄力

獨棟大樓設計成三段式，兩邊高，中間凹下，形似斷頭，風煞入宅，成為斷頭煞。斷頭煞主糾紛多，官符、小人、是非不斷，也因為住宅左右鄰屋較高，陽光、宅氣略顯不足，家中易出孤僻之人，宅主易發生中風或意外之災。

建設公司常為大廈的造型美觀費了很多心思，這除了代表建設公司的形象招牌以外，也代表建築設計師的創意，但如犯

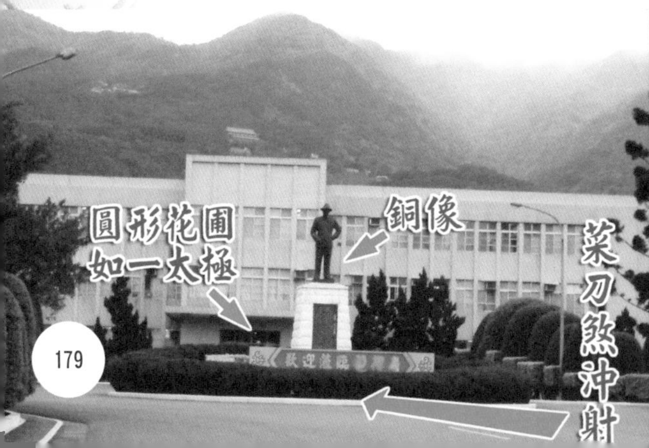

圓形花圃造形如一太極。

對屋頂樓屋頂如菜刀直刺而來。

了風水上的禁忌，那心思就變成了反作用，創意也變成壞意與不如意。

斷頭煞有如縮頭狀，如辦公室設在中間低處，主事者必然沒有魄力，或者是有才華、有能力的主管在此變成英雄無用武之地，或是有志難伸，凡事有如縮頭烏龜缺少當機立斷的魄力，膽小而凡事縮頭不敢登當，或主人反被架空，如此又造成了對面的樓房遭受風斬煞之苦。

化解方式：

1、可在凹處的樓頂上種植一些植被，因植物的生長是向四面八方放射性的，更有向上發展的無限空間。

2、除了種植一些植被外，在樓頂上依據玄空飛星及六十四卦的卦象方位，和主事的命卦及大樓的坐向之生旺的方位，共放五只龍山在五個方位以為五行相生，更如皇帝之可臨制八方的氣勢以化解之。（參看一六六頁之圖）

3、面對如此建築的樓宅更應特別注意，由於大樓範圍大，因此的擺飾方面尚可以選擇桌位、門向、卦氣理想的地區做適當的佈局，尚可改變，轉危為安。

4、把中間低凹處增建，使之與左右兩旁的屋宅一樣高，是最好的解決方法。

5、若無法改善化解，搬走為實為上策或擇地重建、改建。

獨棟大樓設計成兩邊高中間凹下。

凹風煞 — 是非多官符小人不斷

大樓對著犯有斷頭煞之屋宅，也就是居住大樓面對大樓呈現凹處字形，這是沖犯到凹風煞。主糾紛多，官符小人不斷，會導致腦神經衰弱，情緒不穩、判斷錯誤或開刀意外血光之災。

化解方式：

1、按置三D立體山海鎮可以避制無形之煞氣及面對凹風煞之沖害，主要是藉助「山海鎮」內的山、海及太極、八卦、日、月星體及道家所傳靈驗之鎮宅平安、招財納寶、百無禁忌、制煞之符令，來鎮住門前對風水不利而且是有害的沖煞物。（參看一四四頁之圖）

2、放一對琉璃精製之九頭靈獅或石敢當或風獅爺，因虎從風而九頭靈獅或風獅爺與老虎皆為大型貓科動物，故可以制風斬煞，九頭靈獅不但可壓煞制惡，還能將煞氣

面對凹風煞處種植一排植栽來檔煞氣。

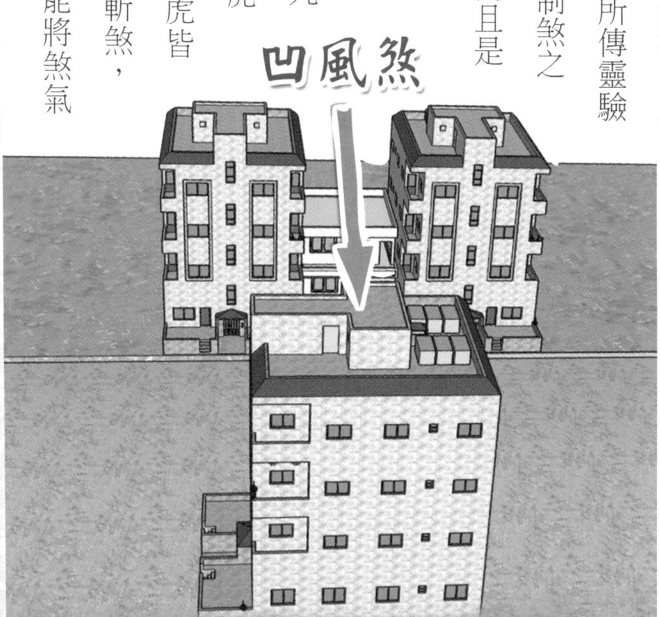

凹風煞

轉化為權勢的靈動力，再將權勢的靈動力化為本身所用，來助本人生旺，生生不息的產生造福生福之靈動力。（參看一五七頁之圖）

3、可以在面對凹風煞處種植一排植栽來檔煞氣。

天斬煞（風斬煞）——血光官非意外橫生

天斬煞，住宅前正面對著兩棟大廈之間的一條狹窄空隙，犯之主多病、體弱，嚴重者會有血光之災。

兩幢高樓大廈之間的一條狹窄空隙，風會從縫隙中貫吹而入，在形態上稱為「天斬煞」，因為形狀仿佛用一把刀從上而下將建築物斬成兩凹半，故此稱為「天斬煞」，倘若房屋面對天斬煞，會經常有血光之災，車禍、開刀、官非，事業失敗，疾病。

除了要留意家人的身體健康外，更要留意財運方面，因為這煞氣又代表令家人的財帛損耗，所以不要隨便作出投資，更不要作擔保人，不要借錢給別人，否則，必招損失。空隙愈窄長便愈凶險，距離愈貼近亦愈險，所以不宜選擇面對天斬煞的房屋居住。

天斬煞

化解方式：

1、在兩棟建築物中間的隙縫以為遮檔使之無空隙則可化解。

2、放置三D立體山海鎮或放一對琉璃精製之九頭靈獅或石敢當或風獅爺，因虎從風而九頭靈獅或風獅爺與老虎皆為大型貓科動物，故可以制風斬煞，九頭靈獅不但可壓煞制惡，還能將煞氣轉化為權勢的靈動力，再將權勢的靈動力化為本身所用，來助本人生旺，生生不息的產生造福生福之靈動力。（參看一四四、一五七頁之圖）

3、在面對風斬煞的屋前設置一水池或大型滾滾財源來化解，因風界水則止，這是陽宅風水的無上心法，需配合玄空大卦及奇門天星擇日法及九天玄女一二〇甲子法配上六十四卦及主人之紫微八字命盤來合其吉凶。

鄰近屋宅中間凹陷 — 精神不振兵敗如山倒

在兩棟貼近的住宅，中間部分凹下一個空間，好像身體被人用刀剖開一樣。如居住在此易有頭疼或精神萎靡不振，精神分裂，嚴重者易有開刀之象，甚至在工作事職上易產生半途而廢，當頭棒喝之災，如再加上住宅的周邊亦雜亂不雅觀，使居之者常生暗疾，或精神狀況不穩定，事業搖擺不定，好壞參差不齊，一走到流年煞運來沖，必主一敗塗地，

中間部分凹下一個空間。

兵敗如山倒。

但是若居住在此凹陷隙縫的對面，就是又如風斬煞一般被凹陷處沖煞，大為不吉。

化解方式：

1、與臨近的住宅相互切磋修復整齊使之不見歪歪斜斜不正之樣貌，並且中間不要有一線縫。

2、萬一不能改變時，最好的方法是走為上策。

3、設法讓自己的住宅最上端樓梯厝加蓋，使之與整棟樓房一樣大小。

4、在隙縫的底下保持乾淨通風，不要藏污納垢，以免衍生蟑螂、老鼠、蟻蚊，不利健康。

5、在間隙的底端放置泰山石敢當，並種植一些小型盆栽，但不可種花，更重要的是保持環境整潔。（參看一四四頁之圖）

迴風反氣 — 容易漏財又傷丁

屋宅前後左右鄰近皆有高樓大廈，可以護衛蓄氣來論之，但如其中一方有高樓大廈，則氣於其

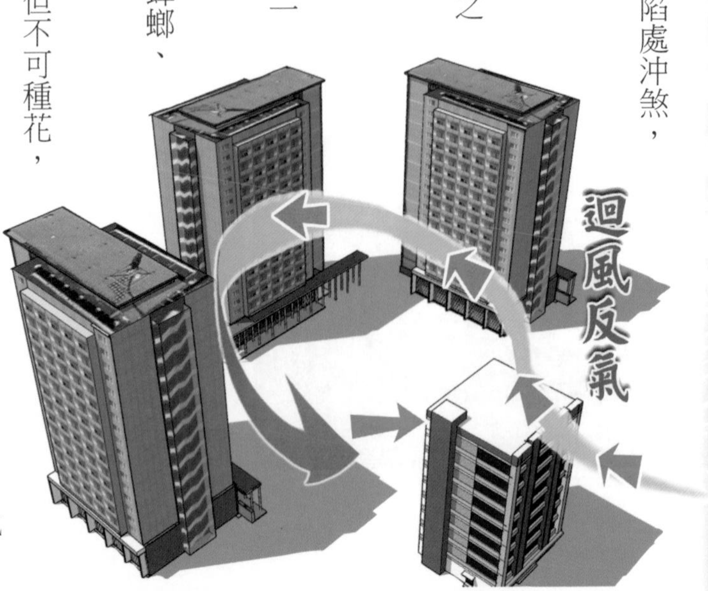

迴風反氣

方被障阻而反旋沖向我宅來，此謂之「迴風反氣」，自高及下，吉凶愈速。

化解方式：

1、可以安置風獅爺或石敢當面對反旋沖向我宅的位置來鎮風止煞。（參看一四四頁之圖）

2、也可以安置三D立體山海鎮及一對九頭靈獅來化解煞氣，因為虎從風而九頭靈獅及風獅爺皆為大型貓科動物，故可制風煞。（參看一四四、一五七頁之圖）

光煞 — 反應力變遲緩精神不濟財源不聚

在某些時候，光也是一種煞氣。科學上把光煞叫光污染。受害最深的是現代都市人。光煞按來源態可分成直接光煞、反光煞兩種。

凡居家被路燈、霓虹燈、廣告燈直接照射即為光煞，東西方向的房子，早晚陽光沖射進入室內，也形成西晒光煞。凡居家暴露在玻璃幕牆、釉面磚牆、磨光大理石、各種外牆塗料、大片水面、反射的陽光中，即形成反光煞，被八卦鏡等照射亦稱為反光煞。

鏡面大樓造成反光煞。

如果處在這種光煞很強的屋宅中，那麼將會給你帶來霉運連連，第一是容易因光煞導致血光之災，第二是因光煞導致陽宅財來財去

商場強光讓夜晚如同白晝。

霓虹燈或廣告燈直接強光照射。

守不住財成為漏財風水屋。第三是光照會對腦波產生不利的影響，如記憶力減退，反應力變遲緩，視力衰退，或容易疲勞，不能集中注意力、思考力，精神不聚或輾轉難以入眠。

國際上一般將光污染分成三類，即白亮污染、人工白晝、彩光污染。

1、白亮污染：

指陽光照射強烈時，城市裡建築物的玻璃幕牆，釉面磚牆，磨光大理石和各種塗料等裝飾反射光線，明晃白亮，眩眼奪目。

2、人工白晝：

指夜幕降臨後，商場、酒店上的廣告燈，霓虹燈閃爍奪目，令人眼花繚亂。有些強光束甚至直衝雲霄，使得夜晚如同白天一樣，即所謂人工白晝。

3、彩光污染：

指舞廳，夜總會安裝的黑光燈，旋轉燈，螢光燈以及閃爍的彩色光源構成了彩色污染。長期生活或住在這樣的環境裡，就會對身體造成傷害，住宅周圍有這樣的環境而缺少必要的防護措施，也會

夜總會的裝飾構成了彩色污染。

檳榔攤的霓虹燈造成光煞。

受到傷害。

「不夜城」裡的光會擾亂人體正常的生物鐘，導致白天工作效率低下。如果住宅窗戶多、而且窗戶很大又不注意遮擋就會深受其害。在白色光亮污染下，視網膜和虹膜都會受到不同程度的損害，視力急劇下降，白內障的發病率高達45％。還使人頭昏心煩，甚至發生失眠，食慾下降，情緒低落，身體乏力等類似神經衰弱的症狀。

化解方式：

1、一般反光煞的化解，可在正對著反光的玻璃窗貼上不透光的磨砂膠片。

2、安裝不透光的窗簾，讓屋外的光煞無法影響室內的生活起居。

3、空間許可的情況下，亦可在近反光之處栽植盆景，以茂密而圓厚的樹葉擋其反光。

4、在屋內的庫池財位放置魚缸或滾滾財源以吸收磁光波粒。

安裝不透光的窗簾。

捶胸煞 — 如拳猛捶心胸

住宅大門前或窗前見對面大廈一單位突出，犯之主血光之災，易有胸部附近的毛病。又有稱為捶胸煞，指陽宅的前方如手捶狀，向宅捶之。如似有傷心之事，猛捶心胸之狀態。若是又逢不當運之時，住宅中成員會有心臟病、心絞痛、視力不佳，出叛逆之子孫、入丁稀少，有孤寡之象。

化解方式：

1、選擇吉日需配合玄空大卦及奇門天星擇日法及九天玄女一二〇甲子法配上六十四卦及本人之紫微八字命盤來選吉，在突出物的正面擺設山海鎮及五行龍山。（參看一四四頁之圖）

2、可在面對捶胸煞之處做半弧形造型，把捶胸煞擋回去。

陰煞 — 人多暗病運氣反覆

住宅靠近墳場、殯儀館、醫院等陰煞之地，犯之主宅內人多暗病、運氣反覆、常作惡夢，或常有突發之災難。

對面突出屋宅如拳猛捶心胸。

琉璃五行龍山。

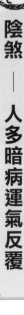

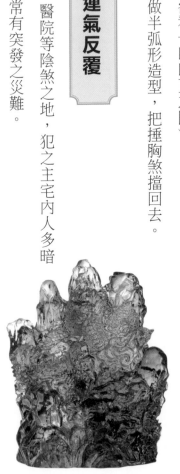

人生的命運有高低起伏，因此要讓您的生活更美好，是要懂得珍惜與爭取，同時也要知道取捨的輕重，因此凡事應以真誠對待生命，以熱忱對待自己，用真心與朋友相處，不嫉妒別人，凡事盡心盡力，用心去做應該做的事，成功會伴隨在您的左右。如此心存正念，即有正氣藏內，邪不可侵，故而不惧陰邪之物。

人生若能住在選擇好的風水的住家，而好的家居擺設是由自己作主，不管是經營工商企業，都可由您自己選擇的經營方式，及經營公司、設立辦公室、居家、樓房，甚至於要創造一個新生命，您都可以選擇受胎懷孕及生產之時間日期，因此，只要您今天做好萬全的準備，明天就會更好。

化解方式：

1、家中懸掛八仙綵（彩）可達收妖除陰賜福之功效。

2、若是來自外界的陰煞，在家中安放琉璃精製開光過的福祿壽三仙。可以化其凶氣，並可增添福祿壽之象。

3、九頭靈獅口吐火焰，發出毫光萬丈，以為化解陰靈之煞。（參看一五七頁之圖）

住宅面對殯儀館

住宅面對墳場。

琉璃福祿壽三仙

懸掛八仙綵（彩）

玉帶環腰是指住宅前面的街道、水流、河流彎曲成環狀形，而彎角位直向著對面，稱之環抱，其形有如玉帶，故古人或稱之為「玉帶環腰」。

風水理論認為，氣是萬物的本源，太極即氣，一氣積而生兩儀，兩儀生四象，四象生八卦，八卦而六十四卦，如道家所謂道生一，一生二，二生三，三而五行具，土得之於氣，水得之於氣，人得之於氣，萬物莫不得於氣，氣感而應。房屋的大門為氣口，如果有路有水環曲而至，即為得氣，

玉帶環腰

玉帶環腰

住宅前面的街道、河流成環狀形。

雙龍龜

金蟾百福聚寶盆

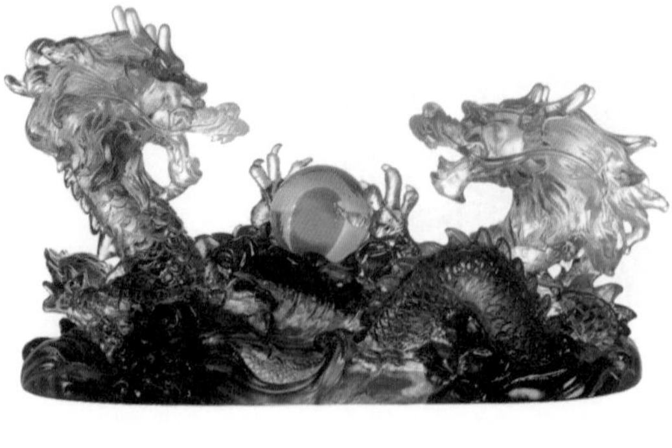

雙龍戲珠

這樣便於氣機的交流，只有順乘生氣，才能稱得上貴格。如果把大門設在閉塞的一方，謂之不得氣。

風水向來有造命之說，及趨吉避凶之論，協紀辨方書中舉出楊筠松造命歌；郭璞曰：「天光下臨、地德上載、藏神合朔、神迎鬼避。」此即言明操作風水時，需要將天、地、人、事、物等一齊考量，也就是天時、地利、人和及外在環境因素等合參以運用，如此方能達成造命、開運之目的。

如再能合於風水地理所謂的元運、卦氣卦運，並配合本命先天卦氣及紫微八字命盤以佈局，如此對住此宅之人大利於貴人提攜，財運亨通，但不可太逼近、逼迫太近則如繩索之纏身，反而不佳。

開運方式：

玉帶環腰的住宅，前面的街道彎曲成環狀形已經是陽宅的吉祥象徵，想要吉中更吉，好上加好的人，如能再配合本命方位再合於住宅吉方，可在門前擺設「雙龍戲珠」或「雙象戲水」或「雙龍龜」或「金蟾百福聚寶盆」，能聚集龍脈與水脈之生氣，則是吉上加吉。富貴呈祥。

反弓水——貴人背離意外受傷

反弓水即是無情水，如弓之弧度一樣的水路或道路，其外圍弓形弧度直對房宅稱為反弓水，若是屋宅被反弓之勢所衝擊則稱為反弓煞。

風水古籍云：「住宅前有反弓煞，疾病纏身，財運衰退并易生叛逆子孫，六親緣薄，不吉利。」住在有反弓煞的房子里，房子主人易有生病、破財、事業不順之事。

河川所形成的弓形朝向房屋，是地理風水最不受歡迎的地形地勢。會招來家庭的不和、金錢的損失、離婚等。又代表財到你家門又轉個彎就走了，所以退財。

反弓煞跟一般陽宅外局的大多數煞氣一樣是較難破解或避開，在沒到發凶的年份雖然沒那麼凶，但多多少少它也會影響到居住者的身體健康跟財運。

一旦到了流年刑煞或五黃煞加臨時，更會造成嚴重的意外以及血光之災，尤其是當年命犯太歲或歲破的人逢之更是不得不小心。比較有效的化解方法主要有以下幾種：

反弓水

化解方式：

1、在最緊要地方安放適宜泰山石敢當以鎮之。（參看一四四頁之圖）

2、如果房屋與反弓煞之間有足夠的距離，可種植一排防護林，並將防護林拉彎取直，拉成一直線。

3、在朝向反弓煞的窗臺和空地上種植綠色植物，成一圓弧形往外，在兩邊再安置一對琉璃精製的九頭靈獅以化解。（參看一五七頁之圖）

4、或用青斗石雕刻的大象吸水。

馬路以水論之，前方來路反弓。

反弓煞（鐮刀煞）— 血光破財不可不防

住宅面對天橋或街道成逆向的半圓弧形，謂之街道反弓，是指樓宇前面的街道彎曲成反弧形，如一把鐮刀，而彎角位直沖大門，或窗口，或住宅中心點，其刀口對著樓房，橋上車輛來來往往，就像拖刀，在形態學亦有稱為「鐮刀煞」，主家中易遭意外血光，重大疾病，破財及人口傷亡、失火、頑疾等。

彎曲的道路和直沖的道路相反，彎曲的道路因為車流和人流的速度比較緩慢，會有利於人氣和財氣的聚集。在這樣的路段經用來營事業，會對財運產生幫助。但是從風水的角度看來，彎路形態之正反兩面是有非常大的差別，一邊為內弓水吉，一邊為反弓水凶。

選址在彎曲道路的內側，也就是被弧度包圍的那一側，在風水學中被稱為「內弓水」或環抱水，或玉帶水，反之，則稱為「反弓水」。在內弓水中，大門可以吸收道路所帶來的能量氣場，容易匯聚人氣，是旺福利財的風水格局，而反弓卻有著破壞的力量，

高架反弓如鐮刀。

高架反弓如鐮刀。

不利於生氣的聚集。因此，如果選址時遇到彎曲的道路，若是在弧形道路的內側是不錯的選擇。

一般認為由天橋或高架橋反弓向著本宅，有如劈來的大鐮刀，犯之主血光之災或運氣反復。又宅前見反弓路為犯小鐮刀，又稱為鈍鐮刀。

反弓煞是風水大忌，而且是非常凶。為什麼呢？會剋應在血光之災、破財、財運不佳、生意失敗、出不孝子、叛逆、宅內人事失和、是非口角、官司、遠離流浪他鄉，以下四點是反弓煞的實際論證：

1、有反弓煞的房子很難賣，因為有些相信風水的人都不會買。

2、來自水流的反弓煞有地基被掏亂之象，而且排水系統容易漂過來臭氣因而聚蟲。

3、來自車流的反弓煞有車燈騷擾，寬一點的馬路還有車子衝進民宅的風險，同時你家還會吸收到車子所排出的油煙、廢氣，使您家人飽受烏煙瘴氣之苦而且還會多病痛。

道路反弓。

捷運高架反弓。

4、大廈所圍出來的反弓煞，則是風洞所衝擊之處。

化解方式：

1、放置三D立體山海鎮或石敢當。（參看一四四頁之圖）

2、植一排植物盆景並拉彎取直用以化解。

3、將對著反弓之處，置一個呈半圓弧形之物以為裝飾造型，並可將對面的反弓彈回去，並在其內種植盆景及按置三D山海鎮和八卦獅咬劍以化解。（參看一四四、一五三頁之圖）

割腳煞——反反覆覆失人和

雖然說靠近馬路的地方才會有很好的人氣，但這並不意味屋宅底層與馬路的距離越近越好。如果距離太近了，快速移動的汽車會帶動周圍氣流的運動，這些氣流源源不斷地迅速流過大樓，不僅其氣無法停留，無法被吸收，反而像是割掉了整棟大樓的腳一樣，或者是路彎如鐮刀，或者是水流如彎刀，好像是把房屋的腳切割掉一樣，所以，風水上將這樣的格局稱為「割腳煞」。

對於犯了割腳煞的商業大樓的底下兩三層來說，短時間之內是無法看到影響。但是隨著時間的推移會發現，公司的運勢時好時壞、反反覆覆，運勢好的時候門庭若市、財源滾滾，差的時候卻是

半圓弧形看板將對面的反弓彈回去。

門可羅雀、一落千丈，財氣難聚，留不住員工或人才，也容易造成身體日久欠安。如果想要有長久的好生意和穩定的財源，最好避開離馬路太近的商業大樓，尤其是低樓層。

風水講究山明水秀，通常住家如果是在清澈的江、河、湖、海、溪流附近都可以說是不錯的選擇。但是過於靠近而使住家的地基、基址旁有水流過，正好像人的腳有水流過一樣，就容易造成「割腳煞」，這種割腳煞在市中心比較少見，多數是在山區、郊外或海邊。

化解方式：

1、靠近水流的地方，種植一些矮矮的圓葉植物或節節高昇之植物，但是必須去彎取直以化解割腳之形。

2、選擇吉日需配合玄空大卦及奇門天星擇日法及九天玄女一二〇甲子法配上六十四卦及主人之紫微八字命盤來擇吉，依主人本命卦及住宅之卦氣、卦運，選取住宅前方適合的卦位上安置泰山石敢當。（參看一四四頁之圖）

3、如果空間與經濟許可，最好是把整個住家移離路邊遠一點，並將住宅基址填滿，家住郊外之人方可將住家移動，住在市區因空間及所費不貲，就無法使用此法。

割腳煞

路沖——吉沖凶沖須分明

道路直向而來，正對大門，謂之路沖。路沖分為吉沖與凶沖，如果陽宅氣口是當運門卦線旺，配合宅內格局，可以愈沖愈旺，可以扭轉乾坤，財源滾滾。又有一說神廟、政府機關不怕沖。但是依筆者經驗，如逢凶沖，不管是政府機關或神廟皆會產生不利的影響。

路沖大門。

路沖大門。

路沖是指大門正對一條直路迎面而來，古代都是平房，正對著直路的房子易受往來車輛事故，現代大樓對著大路，二樓以上房子或是住宅高過馬路兩旁房屋的高度時，不會受往來車輛的影響。若從依氣場的角度來看，正對著路的大樓都易受氣場直沖，就如同一個人被正對前方之物直接衝擊一樣，無形中使居住者身體衰弱、精神恍惚，以致影響事業。

許多城市的精華地段往往都是集中在T字形和Y字形路口處，商業大樓正好位於這種有道路直接沖向的路口，自然就會受到來自道路的煞氣沖擊，這樣的格局在風水學上稱為「路沖」，此方Y字形稱為剪刀煞，丁字

T 字形和 Y 字形路口處。

形稱為丁字路煞。

若樓層越低，受到的沖煞則越厲害。一旦沖犯了這種外煞，就容易造成，對商業運勢有著非常嚴重的影響，有時是生意興旺，財運好，但是易有人員受傷及身體欠安，家宅及公司成員須防意外、疾病及血光之災。

一樓路沖的房子，出門就有車輛迎面而來的顧慮，須有騎樓、人行道緩衝，否則心理總是擔心小孩出入安危。也可以用科學眼光來看，住宅大門若是面對馬路交通要道，由於來往車輛頻繁，也容易發生車禍，對人們也是有很大心理壓力。而且天天接受車輛排出廢氣的侵蝕，如此對健康有害而無利可言。

比如說，前面有路直沖而來，但在大門口有一橫向馬路，馬路寬度遠大於路沖的巷弄，則路沖的不利影響大為減低，很容易化解。

還有緊逼為煞重，寬鬆為煞輕。比如路沖的巷弄寬度狹小，離家門口又近，就像利刃的尖端對著自家，為煞甚重。如果路沖的道路寬闊，旁邊沒有房屋，看來空曠一片，就比較沒有關係。

所以路沖有好的路沖，也有壞的路沖，有好的路沖又帶煞，也有好的路沖沒有帶煞，是為吉中有煞，或吉中無煞，也有壞的路沖又帶有吉相，是為凶中之吉，或凶中之凶，精密一點要再用卦理、卦氣、來水、去水及卦運之生旺休囚種種跡象去做研判，就可以判定是所謂的吉沖或凶沖。

化解方式：

1、放置三D立體山海鎮及石敢當。（參看一四四頁之圖）

2、植一排植物盆景來化解路沖煞氣。

3、因路沖必會產生風煞，故以獅咬劍或九頭靈獅化解。（參看一五三、一五七頁之圖）

4、可置一滾滾財源或魚缸或小水池，以吸收車輛轉彎所排出的廢氣和磁波。

小巷槍煞相沖 — 家人病痛凶事來

比一般道路窄小一點的道路稱小巷。經云：「一條直路是一條槍。」一宅前見一直路相沖，犯槍煞，主宅內家人健康日漸衰退，犯血光之災等。

下圖也是小巷相沖，屬於一種比較柔和的相沖，因為巷道兩旁是

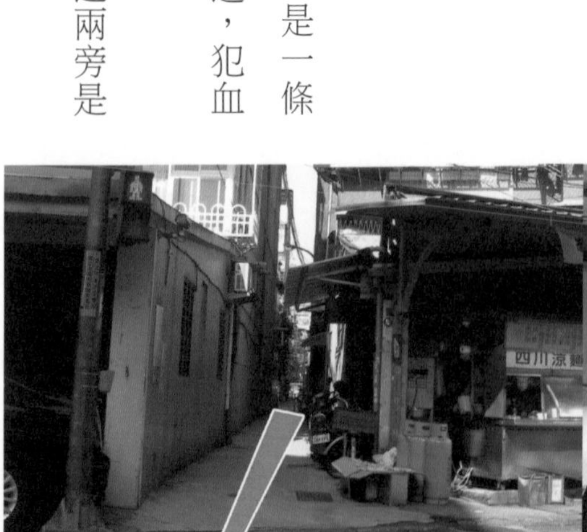

住宅面對窄小的小巷相沖。

植一排植物盆景及石敢當來化解路沖煞氣。

竹子，顯得不會那麼生硬，帶有緩沖的意味。地書云：「直行者劣相多是虛棄，曲轉者高情必有實落，脈以屈曲為貴。」

化解方式：

1、可置山海鎮或獅咬劍。（參看一四四、一五三頁之圖）

2、可安置飛天麒麟以為化解。（參看一五八頁之圖）

3、可種植整排勁竹，以為竹報平安來化解其煞。

道路斜沖 — 屈曲欹斜人多紛爭

住宅旁有條道路斜沖著本宅，犯之主容易發生意外，破財，亦有稱之為斜槍煞。左斜槍傷青龍，主傷男丁。右斜槍傷白虎，主傷及家中女性成員。

《雪心賦》：「所貴者活龍活蛇，所賤者死鰍死鱔；雖低小不宜瘦削，雖屈曲不要欹斜．德不孤，必有鄰，看他侍從；眼不明，徒費力，到底糢糊。」

化解方式：

種植整排勁竹。

巷道兩旁是竹子帶有緩沖的意味。

無尾巷

斜沖而來的小巷，其中又有一道牆也跟著沖射。

1、斜槍煞以乾坤九龍八卦龍印寶璽陣來對斜沖之方以為化解。（參看一〇四頁之圖）

2、可安置石敢當以為化解。（參看一四四頁之圖）

3、可種植整排樹木或勁竹來化解其煞。

巷道盡頭（無尾巷）沖射——前途受阻無路可出之危機

宅前方是一條巷道盡頭，往後再沒有通道了，又稱為無尾巷。因勢之止，氣之盡處。

古書謂：「木華於春，栗芽於室。氣行乎地中，其行也因地之勢其聚也，因勢之止，丘壠之骨，岡阜之支，氣之所隨。」經曰：「氣乘風則散，界水則止。古人聚之使不散，行之始有止，故謂之風水。」

風水之法，得水為上，藏風次之。」其中「生氣」形成的理論尤為重要，因「生氣」能生萬物，大門不可面對巷道盡頭，否則氣流會受阻，不順暢，會聚積濁氣，犯之主健康差，事業不順。對健康有不良影響，且事業上象

琉璃飛翅龍魚

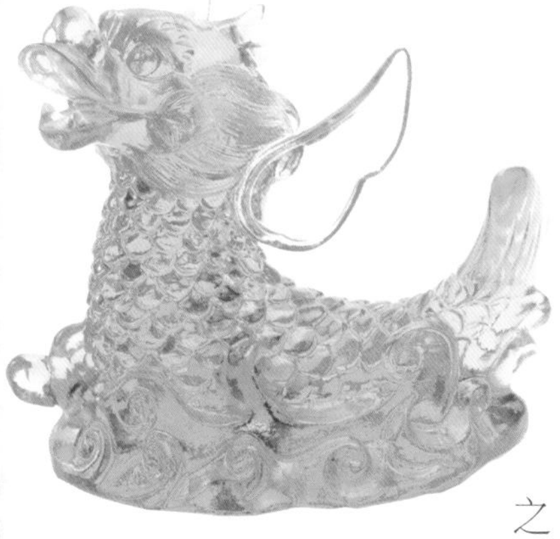

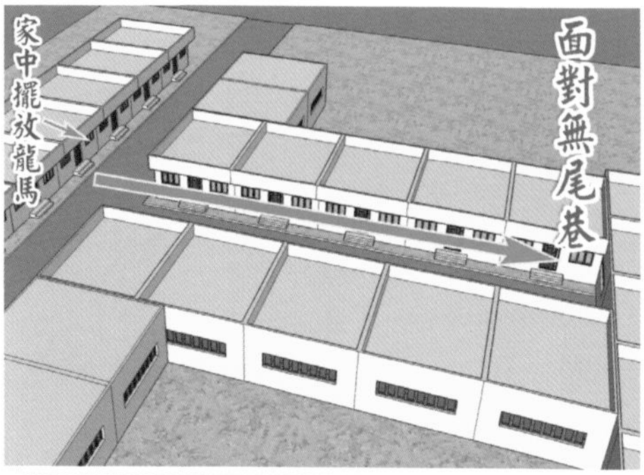

無尾巷

徵沒有出路，封閉性，影響心理，致事業沒發展。

化解方式：

1、要使氣順暢而聚之，使之不散。故化解方法以使氣之順暢為主。在空間許可的情況下，可以在巷道盡頭處種植物，使木能生風而暢通其氣流，並在植被下放置龍山，來產生龍攀之勢而生氣蓬勃。（參看一六六頁之圖）

2、然後在栽植植被處尋找風水之零神方位造作一水池，以為反衰為旺，池中需養九條魚為九如並取湖潭之水或少許海水灌入其中，水池內中央及四個角落可以放置琉璃精製之龍魚及龍龜。（參看一〇六頁之圖）

3、若是沒有空間栽植植被時，可在住家安置龍馬奔騰，龍頭朝外面對無尾巷處以化解之，可以放置飛翅龍魚達到風生水起好運到，天馬行空萬里無阻之靈動力。

琉璃龍馬奔騰

面對變壓器、發射塔 — 容易引發腫瘤病變的危機

電器產品已經成為生活上不可或缺的日常用品，近年來消費者及媒體越來越關心電器產生的電磁波是否會危害人體健康的問題。國家標準檢驗局曾表示，只要有電力就會產生電磁波。電屬火，對磁場的影響最大，對人腦及心臟、血液的影響也最大。

家庭電器使用也會產生ELF電磁波，到目前為止仍缺乏健康影響的研究。屋內電線系統而言，家庭電器如吸塵器、微波爐、吹風機、甚至電視都只是短暫的接觸，而且電磁波的效應也隨著距離增加而大幅下降。

相較於長久暴露於電線、變壓器、轉送站、電塔、發射器，其中變壓器有高壓電如低壓電之分，高壓電的變壓器應即避開百公尺以上，至於低壓電的變壓器則是視其大小，三公尺以內即視之為影響所及之區域。

接近住宅的變壓器容易使家中成員得到慢性病，身體疾病的部位以卦的方位論之。而曜方的近身變壓器，容易有陰靈纏身，鬼魅入宅，讓

在道路中央分隔島上的變壓器，其磁波的影響力要視其變壓器的大小和距離而定。

變壓器太逼近住宅。

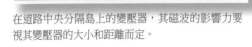

主家精神耗弱，或較易產生弱智兒或老人較易失智，不可輕忽。

住宅附近見發射塔或一些尖銳之物件，會對人的腦波產生或大或小的影響，易有腦瘤，犯之主血光之災、火災、健康差，思考力、記憶力減退，在此懷孕出生的小孩易有弱智或反應遲鈍滯慢，影響注意力分散、心神不穩定，容易情緒化、視力模糊。

化解方式：

1、最佳狀況是遷移，三十六計走為上策。

2、可在正對變壓器、發射站或電塔的地方，找出一合理的方位，配合住宅相生的卦位上栽種一些植物或竹子，並作一水池，池中可養魚，再放置琉璃精製的龍龜，其中水池中的水必須放有泉水、井水、溪水、湖水，及少量的海水。因為水可以吸納電磁波及聲波（射電天文學），也是宇宙波粒兩性的光波之儲藏所，當然內中要五色細水晶，五隻開光琉璃龍龜在五個地方排開，並配合法奇門擺陣。（參看一〇六頁之圖）

3、在住宅的門牆上掛上三D立體山海鎮以化解其煞氣。（參看一四四頁之圖）

屋頂上的發射塔

高壓電在住宅區林立，對人體健康影響很大。

蜈蚣煞 — 易惹是非口舌及腸胃不適

當您的住家周圍外牆上見有排水管或污水渠，其形狀是一條主幹加上分支，而形如百蟲之狀，或是有的電線桿、電線枝節及電塔綿延開來，向左右伸出一條條的分支，看來恍似一條蟲體，這就是犯了蜈蚣煞。蜈蚣煞容易造成住宅內的成員，易惹是非口舌、工作不順、腸胃不適、皮膚病、食欲不振等症狀。

排水管形如蛇蟲。

排水管形如蜈蚣。

放置四隻發財金雞母及飛天麒麟一隻來化解蜈蚣煞。

化解方式：

1、可在窗口或犯煞處放置四隻發財金雞母及飛天麒麟一隻來化解，擺放化煞發財金雞母時必須將雞嘴對正屋外類似毛蟲或蜈蚣的物體。（參看一五八頁之圖）

2、可在犯煞處放置鷹揚天下，在風水上鷹還可以化解蛇煞、蟲煞、蜈蚣煞之用。

琉璃發財金雞母

琉璃鷹揚天下

門前破碎與礙眼——衍生頭部的病變

屋宅門前面對破碎礙眼是屬於沖破明堂的一種形局，主眼疾、心疾、頭部疾症，精神方面也要注意。

居家門前太過雜亂主家庭不合，門前有屋脊煞、厝角煞、水塔，也擺設了一堆雜物，因而家庭不合，時常吵架，身體欠安，錢財又不聚，時常發生意外事故。

化解方式：

1、宅前明堂雜物破碎礙眼，最好的方法是把門前雜物清除乾淨。

2、宅前明堂雜物若是屬於他人的居家和空地時，應優先與鄰居協調將雜物清除乾淨，但是在溝通無效且用任何方法也難以破解時，除非使用法力無邊之神明符令方能化解。

探頭煞——分前探頭與後探頭

屋宅前方或後方，以平視高度可看見，對面其他建築有上下有

破碎礙眼在明堂

從窗戶或陽台所能看到的礙眼形態皆為不宜。

突出物體或設施等，如儲水桶等，有如探頭探腦之形態者及透天厝在頂樓加蓋鐵皮屋，都稱為「探頭煞」。探頭煞容易招來偷竊之風水煞氣，使屋主易遭小人或賊盜。

堪輿家有云：「前探出賊子，後探出母舅」，也就是探頭房。探頭房易出忤逆不孝的子孫，遭小人暗算，莫名其妙被人利用而被騙，或家內有賊入侵而破財。公司對面建築物凸出的部分，像是有人探出頭來，如同店鋪遭到了偷窺，自然也就容易碰到小人，從而導致財氣的流失，或是發生失竊，樑上君子的光顧，或出外與人投資遇人不慎被倒破財，有如被小偷所盜的那樣衰。

如果是兩座鄰近的辦公大樓，站在辦公室能看到對面大樓的樓梯厝或蓄水塔凸出一部分，有如人探出頭來偷窺般，也就犯了探頭煞。在這樣格局中，代表公司容易出現員工會有偷盜的行為或常常丟東西，或者是公司往外投資之時容易產生被騙的投資案，會使員工從公司謀私利。

化解方式：

1、面對犯煞處，可安置萬靈化煞千層斬刀鏡將之斬為碎片，

探頭山

屋宅前方的探頭煞。

萬靈化煞千層斬刀鏡為「多重防衛」之作用，集合了太極、四靈獸、鏡子合為一體，萬靈化煞千層斬刀鏡以太極為中心，運用太極開天闢地的強大靈動力，配合四靈獸以鎮四方，並以二十八星宿之靈力護佑鎮宅，此外鏡子更是鎮宅驅邪的法器，再加上鏡面光學物理的原理，能將凶惡之風水形煞如同被刀斬斷成支離破碎之象，這就如同物體被千層斬斷般的威力，可將煞氣化解於無形之中。（參看一五三頁之圖）

2、面對犯煞處安置獅咬劍及三D立體山海鎮，可以化解探頭煞。（參看一四四、一五三頁之圖）

3、面對犯煞處放置一對琉璃精製之九頭靈獅或一開運咬錢生肖狗，以化解探頭煞氣於無形之中。（參看一五七之圖）

面對空屋——潛藏陰氣與邪靈

住宅面對空屋或是建築物的半成品，有如面對黑洞，容易引陰氣入襲。陽宅面對著黑洞，可以說這就如同是陽宅中的陰宅，有陰無陽，如與之相對應太近，則是陰氣入襲，會讓人走空亡運，常常易有判斷錯誤的投資，或記憶力減退，常忘東忘西，嚴重者會想不開。相對應比較遠，則會減輕

開運咬錢生肖狗。

其凶性，也許只是觸犯小人，守不住財，凡事不實際，有如懸空樓梯，不確實際，凡事抓不住重點，摸不清邊際，常作白日夢，或難以入眠，或大病沒有小病連連。

面對這類形煞，「正氣內存，邪不可干」，一方面強調要強身，另一方面則要避免消耗自身的抵抗力。強身意旨要提升自體的抗病能力，進補、運動、穴道按摩、芬香療法等都可以達到這個效果。

純陽為仙，純陰為鬼，人為半陰半陽，亦即陰陽調和為人，陽宅是人之居，故亦宜陰陽調和。《黃帝內經》：「上古之人，其知道者，法於陰陽，和於術數，飲食有節，起居有常，不妄作勞，故能形與神俱，而盡終其天年，度百歲乃去。可以說明養生方法即包含保持身體的陰陽調和、配合環境變化、情緒的調養、飲食上的觀念、運動導引、治未病等觀念。人體和自然界是有相應的關係存在，自然界是大乾坤的變化，身體的小乾坤也跟著變化，隨時調整不同的生活方式，才能常保健康，財運也就隨著到來。

面對空屋有如面對黑洞，容易引陰氣入襲。

化解方法：

1、門斗上方懸掛八仙彩可使屋宅帶來熱鬧非凡的祥和之氣，帶給房屋熱的能量，能化解孤寒陰寒之煞氣以及空屋蕭條陰森之氣，還能達到收妖除魔之功效。八仙是代表不論男女老幼皆能富貴祥和，在人間可以八方圓滿，象徵吉祥瑞兆，八仙綵可以當作結婚或新居落成的吉祥賀禮、招吉避

煞納祥、求取財利的吉祥物。（參看一三四頁之圖）

2、若是來自外界的陰煞，除了懸掛八仙綵之外更應該在家中安放琉璃精製開光之福祿壽三仙得以化其凶氣，擺放琉璃福祿壽三仙對化解陰煞及求取功名利祿、升官發財以及求取富貴福吉，身體健康福壽綿延有著非常顯著的功效。（參看一九〇頁之圖）

3、空屋冷冷清清，可置辟邪貔貅以面對之，可增加陽氣，使陰邪不侵，當我們在外若沖煞到或卡到陰，回到家入門，附身陰煞見到貔貅神獸會立即逃之夭夭。貔貅又名天祿、辟邪，是中國古代神話傳說中的一種神獸，貔貅神獸最大的功能不是旺財而是辟邪，用貔貅來鎮宅擋煞其威力是無庸置疑的。

4、可按放九頭靈獅一對，用以化解陰煞，九頭靈獅可壓煞制惡，將煞氣轉化為權勢的靈動力，再將權勢的靈動力化為本身之所用，來助本人生旺，生生不息的產生造福、生福之靈動力，九頭靈獅能夠帶來祥瑞之氣，亦可加強官威或屋主之陽氣。（參看一五七頁之圖）

馬路太寬——人氣不聚

風水學重視山形地勢，把小環境放人大環境作為考察之所據。對於店面的選址來說，人潮和車流是重要的參考項目之一。馬路太寬有利於交通往來順暢，卻不利於聚集人氣，對開店是不利，除非是批發商或大盤商較為適合。

不同地域，含有不同的微量元素及化學物質，有些可以致病，有些可以治病，有些可以聚財，有些是容易破敗。如果將店面選取在非常寬闊大馬路邊，寬闊的道路會有大量的車流，再加上流動的車輛會排放廢氣，不但會造成大馬路邊商家的氣場不易聚氣，還會使氣場的氣較濁，這樣的環境對商家的營運不利。

另外車輛和貨車在大馬路上的流量較大，所以汽車的重量會造成地靈氣的震動也會造成人氣也比較不容易被聚集起來。相比之下，車流少、人流大的道路才是商家選址的最佳選擇。

道路如虛水——風生水起

都市裡多個近距離的十字路口，凡道路交匯的地方也就稱做匯水口，必定匯聚人氣，乃良好的商圈基礎，人氣旺則財氣亦旺；鄉村裡近距離的水流往前方出去，則會使得居住的人往外發展，在家待不住。

馬路太寬。

馬路太寬。

在都市中所有的街道就像是河流的一般，馬路在風水學中又稱為水龍，因為山管人丁水管財，所以又有「財水」之稱，所以街道所匯集產生的「氣場」會直接影響到商業經營的好壞。

因此，道路四周環境的挑選，是商家旺財選址的重要關鍵，如果再加上醒目突出的招牌，以及獨特的設計風格，就更容易獲得非常好的商業氣場。

明堂狹窄 — 視野狹窄人脈逐漸流失

什麼是明堂?簡單的說就是公司、工廠、住宅的大門前方，或者是大廈的前方就是明堂。家宅或者大廈的前、後、左、右四個方位，用居家的風水來說，左邊的建築物可稱為青龍位、右邊為白虎位、前方為朱雀位、後方為玄武位。這當中的朱雀位，就是前方的明堂。

在選擇宅址時就風水學來說，講求屋前開闊，可接納八方生氣，這與經商講究廣納四方來客的說法契合。選擇店鋪地址也應考慮店鋪正前方的開闊性，不能夠有遮擋物，例如圍牆，電線杆，廣告招牌和過大遮眼的樹木等。

其實看陽宅有如看察陰宅祖墳看山一樣，如明堂寬敞，外局的左邊青龍位及右邊的白虎位需高低適中，或青龍過堂及玄武後靠為佳，再配合水局，若理氣得運，則有利事業的拓展，並且是財丁

道路如虛水。

兩旺。

明堂地面高低不平，則運勢高低起伏無常，居住人之財運與運氣亦起伏不定，若經營生意，則人脈逐漸流失，貴人難逢，生意亦起起伏伏，時好時壞。

商店面向四方，視野廣闊，有利於將商店經營的信息傳播四方。這種信息的傳遞，叫作氣的流動，有了氣的流動，就會生機勃勃。

古代所謂的明堂是天子理政、百官朝見的場所。風水中的明堂是穴前之地或屋前之地，諸山聚繞，眾水朝拱，生氣聚合。建築物前方，面積較大的空間，在風水學中被稱為「明堂」。選擇辦公大樓時要選擇有「明堂」的地方，最好是廣場、公園或是水池等，須在正前或在左右前方，要選擇配合宅運找適當的方位作水池，這樣的地方更能聚集生氣和能量，讓四面八方的吉氣更容易被吸納，財運也會比較好。

如果門前有高牆，高牆的高度是有講究的，而且圍牆是在最後興建的，如果在建屋之前就先做圍牆，就成為困或囚，氣的流動就會受到阻礙，如此會使人心胸狹窄，凡事小裡小氣，斤斤計較，鑽牛角尖。要想生意興隆恐怕就比較困難了。如果只是矮牆或是欄杆，則不會對財運產生妨害，但是也不可先做圍牆。

明堂狹窄。

化解方式：

1、門前如果沒有「明堂」，最好的方式就是將阻礙的物體拆除，使大門的前方看起來或比較寬敞或工整。

2、若沒有辦法拆除，也可以在招牌上做變化。用較醒目的顏色做招牌，在美觀的前提下盡可能地做得大一些，但以不擋住明堂的視線，並且懸掛的位置也要比平常高一些。

3、沒有「明堂」就是說明此處可能陽氣不足，明亮的光線照射可以增強陽性的能量。可以在大樓門口和內部增加光照，光亮的環境既可以彌補沒有「明堂」的缺陷，又可以使視覺感官上覺得更開闊，心胸更開朗。

4、若是遇到了別人招牌的阻礙，則可以用山海鎮與萬靈化煞千層斬刀鏡斬斷沖射，以為化解。（參看一五三頁之圖）

明堂低陷又空曠——家運敗退人少和

住宅前方顯得特別低陷，從陽台看下去就會有往下掉的感覺，即為明堂低陷。

住宅周圍有優美的山巒圍繞，或在市區住宅的外圍大廈團

明堂方特別低陷。

團包裹，不使有凹風吹入，前面有寬廣空地，如球場、公園、停車場之類空地。不但主家人可融洽相處，更容易得貴人之幫助，錢財也易於匯聚。

明堂太過空曠或是前方特別低陷，則是不利於居住，不但家人有聚少離多之象，或兄弟鬩牆之爭，兄不和，弟不恭，心胸狹小，在家待不住，如果在家待得住，事業上難有發展，扶持之力亦減少，錢財也會財來財去。

這種格局會使人常常三心二意，下不了決心，不能當機立斷，讓很多機會流失，錯過貴人，錢財不聚，做事散漫抓不到重點，久之，做事缺少責任感，為人懶散。

化解方式：

1、如果前方尚有空地，可將低陷的明堂填高，使其平坦而不再低陷。

2、在明堂的左青龍、右白虎方兩邊種植植被，而且必須左右兩旁之植被往內呈環抱狀。

沖天煞——運氣反覆不定

住家、辦公大樓附近有工廠，而且煙囪或排煙管又剛好正對著大樓的出入口，這種情況在風水上被稱為「沖天煞」。

遇上了沖天煞，不僅會導致公司的運氣反覆不定，業績滑落，嚴重時還會讓公司老闆的健康造成威脅。除非是當元旺運之時，則又是文筆峰，或是貴人峰，但是元運一過即敗。

住宅對著三座煙囪時，這種形煞更為厲害，因為從遠處看去，就很像是三支香插在香爐上，所以又被稱作「香煞」。住宅接近工廠大廈，而工廠有很多煙囪，犯之主健康差、多意外受傷。

化解方式：

1、化解沖天煞的方法是將對著煙囪方向的窗戶，用屏風或窗簾遮擋起來，讓煞氣無法進入屋內，但是煞氣依然存在。

2、以八仙彩，八仙過海，各顯神通，就讓八仙的八寶去對著煙囪。但煞氣還在，只是看不到而已。（參看一三四頁之圖）

3、對著多隻或三隻煙囪時，可安奉神明而使得家內神明的香火常盛，或按置琉璃精製福祿壽三仙使神力顯赫威名遠播。

4、可放葫蘆，可把煙囪穢氣之無形力量吸入，旁有龍瓶或龍山正對煙囪，又安奉神明，正如神明之龍柱，一柱擎天之效，

面對著煙囪，又稱為沖天煞。

住宅對著三座煙囪時，稱為「香煞」。

家中可出文人。（參看一五四、一七〇頁之圖）

外牆蔓藤纏繞 — 是非糾葛筋骨傷

房屋門前或是靠近房屋的地方，若有藤蘿纏樹或纏尾，一定要將藤蔓除去，否則就像是披頭散髮般，蓬頭垢面，會有感情、事業的糾葛或是非不斷，或使每件事情都會留下後遺症，或缺乏當機立斷及獨立自主，而產生依賴、惰性。

藤本植物又名攀緣植物，是指莖部細長，不能直立，只能依附在其他物體，如樹、牆等，或匍匐於地面上生長的一類植物。藤在英語中為vine，來源於希臘語oinos，意思是「葡萄酒」，原來專指葡萄，後來引申為藤本植物。英國英語一般用climbers指稱藤類。藤本植物一直是造園中常用的植物材料，如今可用於園林綠化的面積愈來愈小，充分利用攀援植物進行垂直綠化是拓展綠化空間、增加城市綠量、提高整體綠化水準、改善生態環境的重要途徑。

藤蘿植物纏於住宅

面對多隻煙囪時，家中可安奉神明來化解。

屋宅外牆若纏繞著藤蔓，易藏有蛇鼠、螞蟻、蟑螂爬蟲之類，也易產生官司糾紛或靈異之事發生。或身體筋骨酸痛，或風濕關節炎，骨頭之毛病，不利於行，或常有皮膚病，若元運不當旺，卦氣、卦運不佳，嚴重則產生吊頸想不開，輕則憂鬱症。

大門被植物遮蓋住，好像人披頭散髮，對風水上影響太大了，這會使人事物推行不易成功，感情不易開朗，財運事業不易開展，門卦向如在零神卦或在坤方（西南方）艮方（東南方）、空亡線上，恐有靈界能量進入，宅主要小心。

樹蔭長期遮住，陽光不易進屋，濕氣會比較重，住久了對身體不利，免疫功能下降。如卦位上

二樓屋頂有大樹蓋頂，一樓有蔓草披在門口，好像是頭戴斗笠身穿裙子。

植物長期遮住窗戶使陽光不易進屋。

犯陰陽駁雜，失去元運的大運流年，親戚朋友往來會愈來愈少，久之精神耗弱，筋骨酸軟無力，與外界往來少，無形中喪失許多機會，財運也好不起來，出多入少常透支。

化解方式：

最重要的是能夠定期的修剪藤蔓，或將之修剪使之整齊，並將藤蔓雜草等連根拔除乾淨，使之不會藏污納垢，衍生蛇蟻之類聚居。樹枝修剪乾淨，使之既通風又受光，就能改善狀況。

大樹貼近住宅 — 陰邪之氣降臨常生意外

大樹長在屋宅門前時，容易發生車禍、官非、病災、爭執。如果屋宅前方有沖射類型的形煞，而巧逢樹木茂密遮住，則有化煞之功，要仔細判斷，也要注意陰濕氣太重造成皮膚病。

化解方式：

1、如果環境空間許可，離遠大樹一點。
2、空間不許可，可將樹木修剪乾淨整齊。
3、在屋內靠近大樹的位置放置琉璃龍瓶來化煞。（參看一七〇頁之圖）
4、盡量使室內保持通風順暢乾燥，不可以有濕氣。
5、保持屋內採光良好。

6、放置琉璃精製龍山，使之龍攀旋於樹上，以增加陽氣及貴氣，但也應將樹木定期修剪乾淨整齊。（參看一六六頁之圖）

大樹過於貼近住宅。

大樹過於貼近廠房。

茂密的樹木於陽宅前方，由於在人行道上與住宅尚有一段小距離，所以影響會小一點。

當大樹貼近住宅又離圍牆非常近，樹木過高使得屋內陽氣不足，為陰盛衰，容易引陰邪之氣上門。

屋逢枯樹 — 身體日漸虛損

古書記載：枯樹在青龍方，傷男丁，在白虎方，傷女口。此以龍虎方來分克應。若宅前的枯樹呈現出焦枯，即是沒有氣機的現象，有其形，則有其應，對居住者而言，會有慢性病產生，身體日漸虛弱，或人口凋零，事業落敗，財運不佳。

《秘本通玄鬼靈經》：「如入人家，有枯木入牆，固主手足傷殘，有瘟疫，少亡之應。活樹入牆，主官災詰訟疾病駁雜之患。」

門前千萬不要有枯樹，即使不是大樹，不管是倒地的或是直立在地上的，在風水上會影響到家裡人的健康和情緒，老人家得病久治不癒，醫藥無效。

《周易．繫辭下傳》：「古者包犧氏(即伏羲)之王天下也，仰則觀象於天，俯則觀法於地，觀鳥獸之文，與地之宜，近取諸身，遠取諸物，於是始作八卦，以通神明之德，以類萬物之情。」

古代聖人是仰觀天文，俯察地理，模仿鳥獸生存法則，並且發明創造易經的基礎學說，選擇有利的生存環境，改變不利的自然環境。

巒頭風水受到晉朝郭璞《葬經》的影響，經中有云：「葬者，乘生氣也。夫陰陽之氣，噫而為風，生而為雲，降而為雨，行呼地中而為生氣。生氣行乎地中，發而生乎萬物。」

化解方式：

選擇良辰吉日，將枯樹完全連根拔除，象徵斬除所有不好的衰運。

白虎開口——身邊常有官符小人

若在家門口的右前方有建築物，其形態與左右不相對稱，而又如老虎張口之象，易發生受傷以及意外，官符小人，血光破財，或被員工所盜賣而失利。

化解方式：

1、選擇吉日需配合玄空大卦及奇門天星擇日法及九天玄女一二〇甲子法配上六十四卦及主人之紫微八字命盤來擇吉，然後安置面向虎口的方位放一對麒麟，並在門的兩旁掛葫蘆。因為麒麟為五靈獸之首，可制白虎煞，

住宅大門前有枯樹。

住宅大門前有枯樹。

家門口的右前方有
建物形如老虎開口
鑫光
鑫光
白虎開口。

或用九頭靈獅為獅王之王可以壓制白虎。（參看一六六、一五四、一五七頁之圖）

2、葫蘆有一個特性，是易入難出，葫蘆口是很窄的，但葫蘆身體是寬大的，相傳如果用來收煞氣是最好的，因為煞氣易從嘴入，但要葫蘆倒流出來，卻是很困難的，所以葫蘆有收煞氣的作用，而古代的神話中，葫蘆是用來濟世救人，內中有救人仙丹，同時還能收服妖魔鬼怪，故葫蘆是可避邪的。在風水學來說，令人運滯及帶來疾病的星曜都是五行屬於土的，而葫蘆由兩個圓形的葫蘆身，而圓形屬金，所以可化土煞。

地下通道出口 — 投資失利有去無回

都市交通為了善用空間資源，所以展開了立體化的形式，如高架道路、天橋、地下鐵路、地下通道等等，然而地下通道在都市交通中有著非常重要的疏道作用，為了充分利用空間資源，許多地下通道口都會設立商舖，這些位於地下通道口的商店，因為它面對的通道走向是從上往下的，這樣下沉式的格局在風水上比較忌諱，既不聚氣，也不聚財。

大樓進出口在地下通道口旁也不好，因為人流雖然從門口進入，但會很快又分散到各方位，故基本上不聚人氣，如果大樓進出口面臨的地下通道口不是人流的出入口，而是汽車的出入口，汽車排出的濁氣，就會變成烏煙瘴氣，同時汽車出入必使地面有震動，變成地龍不穩，商業大樓接收不到人氣，運勢自然也就不會太好，在外投資失利，有去無回，被外人倒債。

若住宅右前方有地下通道口，正如白虎開口傷人，會造成家中成員易有小人、官災、是非及血光之災。不過有一種情況例外，那就是通向地鐵站的地下通道口，它與普通地下通道的人流疏導不同，經過該通道口的人流會匯聚在地鐵站中，而且地鐵的進出站也會帶來大量的人流，人氣自然也就會旺起來了，不過通道一定要明亮，才能引到吉祥瑞氣。

化解方式：

1、遇上這種情形是很難化解，可以在大樓出入口植栽一排竹子，

商店在大樓地下通道出口。

大樓地下停車道出口。

但是很有可能擋住大樓的出口，所以也可以在公司內部改變格局來化解，而內部格局的改變需到現場視實際情況而定。

2、若是在你家的右前方形成白虎開口時，可以在面對的地方置一對麒麟以化解白虎開口。（參看一六六頁之圖）

捷運站出口——人潮即是錢潮

在捷運站的出口處，多數皆是萬商雲集的地段，很容易聚集人潮，人潮即是錢潮，商家選址都喜在捷運站的出口附近，在人潮就是錢潮的情況下，敏銳的商家已經嗅到這股潛在的商機，也讓開發商在這些地段炒作房價，愈熱鬧的地段，獲利愈高。但這個簡單的原則背後，卻隱含著更多細膩化的思維與精準判斷。

想進入一級商圈就要有一級競爭力，為何有些店顧客盈門，但也有小部份的地方卻是良好商機以外又常伴隨著幾許的是非爭端，有些是門可羅雀生意清淡，同樣是精華地段，但是好壞相差甚遠，因此店面的選址不可不慎。

百貨一級商圈的捷運站出口人潮聚集。

住宅大樓進出口的右前方面對汽車地下通道口。

捷運站出口如同棺材煞。

捷運站出口如同屋前小屋。

捷運站出口常會形成一些不佳的形煞，如圖中所示，廣場中間出口處如同棺材煞，也可以說是屋前小屋，這類形煞常造成人事糾紛，口角、鬥毆、生意清淡，或者生意一好起來就產生財務問題，是非官司。如果與店面成特殊角度，會有嚴重的財務事件，被倒帳或淘空。

化解方式：

1、可在大門懸掛八仙彩及家中按放琉璃精製開光的福祿壽三仙。（參看一三四、一五四頁之圖）

2、擺設雙龍戲珠或九頭靈獅來化解煞氣，同時還能掃除家中負面的能量。（參看一九二、一五七頁之圖）

鳥籠——天羅地網困坐愁城

此大廈形如鳥籠又如鐵絲網罩住，如一般陽宅易有牢獄之災。如果是銀行或賭場和漁業界則可一網打盡，可收漁翁之利。但是最後必也將做繭自縛，把自己困住，反而犯牢獄之災，因有如天羅地網給網住了。

此大樓下方為銀行，業績必然很好，上層為住家，就沒有那麼幸運了，因此選擇良好的陽宅，亦須以業別性質為基準，否則一切將徒勞無功也。

化解方式：

1、若是住於此房，則以三十六計走為上策。

2、若是在正對門口或窗口，就以飛天麒麟化解，或放置剪刀形之吉祥物，以剪開牢籠，或用八仙彩以化解。（參看一五八頁之圖）

大廈形如鳥籠。

形如鳥籠的住宅。

3、如果是自家做的鐵窗，則處理起來就容易多了，可以選擇良辰吉日把所有如鐵絲網的鐵窗拆除。

屋頂上的鴿舍——污染環境滋生病菌如隱形殺手

鴿子雖不屬於傳染病防制法中所規定需隔離之動物，惟大量鴿糞確存有許多引起腦膜炎之隱球菌，生活在此惡劣環境下，深恐隱球菌隨空氣飄散，而引起人體呼吸道感染或腦膜炎。近年世界各國飽受禽流感病毒的侵襲，若是鴿子在外接觸了不明來源的禽鳥，也有可能帶來禽流感的傳染，致使鄰居生活於恐懼之中。

鴿舍

屋宅距離鴿舍過近，每天從早到晚不間斷的受到鴿子叫聲干擾，讓住戶長期受到精神折磨而苦不堪言，鴿舍若是位在住宅的煞方時，此屋住戶將有禍端發生。

鴿舍一般採露天圈養較為簡陋，餵食飼料容易落地上引來麻雀、野鴿覓食後，便駐足於頂樓陽台或鐵窗發出吱吱叫聲或帶來排泄糞便，致住宅遭受二次污染。每逢下雨時，平日堆積之鴿糞便到處流竄或直接滲入住宅基地，污染周圍環境。

化解方式：

1、將鴿舍移開，另尋他處安置。

2、若是在城市也許沒有多餘的空間可以使用，而在郊區的住宅，養鴿人家要有同理心和公德心，就可以在離屋子比較遠的地方搭建，最重要的是時時刻刻保持清潔，只要惡臭遠離，污水能妥善處理就無大礙。

3、若無法將鴿舍移開的話，則要請專精的老師，看鴿舍在住宅的何方，因方位不同，好壞效應自不同，有些方位可引財入庫，所以賽鴿總是贏，當然不同方位所產生的煞也不相同，自然也有不同的化解方法。

兩高夾一低——山狹路窄發展受限

住宅位於山凹處，兩邊高出，而住宅在低處，為兩高夾一低，四方被制，是為賓欺主之象，在外不僅是難逢貴人，並且多遇小人，懷才不遇之憾，發展受限。

堪輿家常以形態論穴，虎形必要有案，有案則為肉堆為飽虎。無則為餓虎。蛇形必委蛇，舒暢如行蛇。葬書所謂滕蛇委蛇是也。若橫竄直翻。行度畏縮而不條暢。死硬而不委婉。謂之驚蛇。誤遷致凶。葬書所謂：「勢如驚蛇，屈曲徐斜是也。」

尋蛇千山溜之處。多非真蛇。相虎於巒湧之間多非真虎。《疑龍經》：「大山夾裏莫尋蛇。恐是高山腳溜斜。」兩山夾縫處，其山巒走勢彎走曲折，亦如蛇行。其中亦有例外結穴之吉地，但憑龍穴砂水變化如何以定之。

元辰水是龍虎之內，穴前合襟處之水，不管是實水，虛水，都屬元辰水，此水稱之為龍之元氣，切忌傾走，故而不能洩漏，必須左右有砂關攔，使其屈曲為吉，還有元辰水更不能直洩而去，主初代不利，元辰水必屈曲而出，主初年亦發，此為至吉，如果元辰水直長，無砂攔截，不結地。

行家一出手，便知有沒有。至於一般俗師，善於察言觀色，從古書中找隻字片語或稀有名詞來

住宅在山的低凹處，兩邊高出為兩高夾一低。

兩高夾一低。

做解釋，看到龍虎兩方皆有峰巒高起，便是左青龍，右白虎的述說一番風水術語，讓主家信以為真，坊間常有用左青龍象徵男人，右白虎象徵女人，用以論屋中人口男女吉凶。

也有說是門要開在龍邊才吉利。因為一般人常在坊間或電視上常有如是說：「門要開中門或是龍邊，不能開虎邊，否則不吉。白虎方是女人抬頭，對男人不利」等等，這樣粗糙的說法是不可信的？因為必須再配合住宅的坐向與其他外圍環境因素綜合論之。

「龍真穴的」與「虛花假穴」，兩者只在一線之間而已。不能說在左青龍右白虎哪個方位就一定是吉，或一定是凶，因為方位無全吉，也無全凶，好壞只在一線之差。

正確的方法是要看所處週遭環境，與陽宅所在位置的相互關係是什麼，而依其相對方位的來水、出水、周圍山峰的遠近關係，與山、水的卦位、卦氣變化，最後再配合宅主本命八字紫微命盤來論吉凶禍福。

化解方式：

下圖中所示山谷中的住宅，如同四面楚歌，用陽宅化煞物來化解只是一時的，無法長久。只有三十六計走為上策，盡速搬家為宜。

山谷之中的這種地形，是兩高一低，代表發展受限。

兩新夾一舊——費盡心機難出頭

住宅兩邊是新建之大樓，中間夾著老舊的矮房屋，是為兩新夾一舊，或是兩高夾一低，不管是住家或商店都不宜，會造成居住不平安，屋內成員有費盡心機也難出頭的現象。

有些大樓在作整體規劃時，遇上地主不願割愛，或不願意配合改建，使得大樓的規劃留下暇疵，等大樓建成之後，造成沒改建之舊屋居住上不平安，生意一直都做不來，租也沒人要，後悔莫及，舊屋被高樓壓住很難有出頭天，形成永遠無法出頭天之現象。

化解方式：

1、兩新夾一舊，也很難化解，可以將屋外重新粉刷油漆，塗成較為亮麗的色彩，盡量將屋宅加高，或將屋頂置平，並種植一些植被，在植物下放龍山，因植物在頂樓必有向上發展的空間，又有琉璃精製之龍山，有如龍蟠之

兩高夾一低。

兩新夾一舊。

勢增加屋宅之旺氣，唯此仍為治標不治本之法。（參看一六六頁之圖）

2、將舊屋拆掉重蓋，蓋到與兩邊樓房齊高的狀態，是最佳的化解方式。

龍虎高壓 — 懷才不遇賓欺主

住宅的左右兩方各俱高起，為龍虎高壓。這與兩高夾一低相同，代表四方被制，是為賓欺主之象，在外不僅是難逢貴人，並且多遇小人，懷才不遇之憾，發展受限。「左青龍、右白虎」代表住宅兩旁的大廈高壓，若左邊高壓則對男性不利，若右邊高壓則對女性不利。

在市區住宅兩旁有大廈高壓，其高低落差非常不成比例，也許相差有十多樓層，多半是合建時沒有談妥，因而造成憾事，從遠處觀之非常不協調，

龍虎高壓。

山區屋宅左右兩方的山峰高起形成龍虎高壓。

而在山區即是屋宅左右兩方的山峰高起，如下圖中所示，龍虎皆高，而且高出甚多，四方被制，是為賓欺主之象，在外不僅是難逢貴人，並且多遇小人，懷才不遇之憾。

風水學表示方位的方法：

1、以五行表示：木為東，火為南，金為西，水為北，土為中。

2、以八卦表示：離為南，坎為北，震為東，兌為西。

3、以干支表示：甲乙為東，丙丁為南，庚辛為西，壬癸為北。

4、以地支表示：子為北，午為南，卯為東，酉為西。

5、以四靈表示：東方為蒼龍，西方為白虎，南方為朱雀，北方為玄武；此外中國傳統方位是以南方在上方，所以常會說左青龍（東方）、右白虎（西方）、前朱雀（南方）、後玄武（北方）來表示。

化解方式：

1、龍虎高壓這種格局難以化解，應速速搬家才是最明智的選擇。

2、在屋頂做布幔或廣告帆布，讓屋頂顯得高低差小一些，只是勉而為之，搬家才是根本之道。

在屋頂做布幔或廣告帆布。

龍方高壓——獨斷獨行

風水斷應係根據巒頭理論，作為對外圍環境景物的吉凶評估，勘察時，掌握方位、數理、類象。如住宅左方有建物特別高起，是為青龍高壓。

有高樓與本宅形成不對等的高度差，即是高壓煞，根據《葬書》記載：「高一寸兮，謂之山，低一寸兮謂之水。」因此把建築物當作虛山來看待以為風水吉凶論述。

青龍方代表貴人、人丁、動態、光明，青龍方宜略高，不宜低，如太高也不宜，左青龍，右白虎，前朱雀，後玄武。四獸必須協調，護守有力，這樣方可令氣場平衡，丁財兩旺。形成青龍高壓，就產生宅內之男人較為頑固，常常做出使人難以料想的不好行為，不得貴人相助，做事獨斷獨行，霸道。

龍方高壓。

龍方高壓

化解方式：

1、假如陽宅外在環境許可，若住宅腹地夠寬大，可以在右邊白虎方種一排樹木，讓近案的白虎方的建物高度，能與左邊稍微平衡。

2、如果外在環境不可行，這種情況大多是在市區，外面已經沒有多餘的空地可供使用，只有尋求運用室內佈局來化解，在右邊牆壁掛一幅開運風水畫，畫中有一排竹子，或者是大樹，有節節高升的意涵，在植物底下按奉龍山，有如龍攀而上的意涵來增強氣勢。（參看一六六頁之圖）

3、如果條件許可的話，可以在頂樓種些植被，因植物有向上及向四面八方放射的作用，可往上長高使之成為對稱。

虎方高壓──女人掌權

如住宅右方有建物特別高起，是為白虎高壓。風水上青龍無力男主人無權，白虎有力，奴欺主人。白虎方代表女性，宜靜服宜順，宜低不宜高，宜靜不宜動。

若白虎方略高，家中女人掌權。白虎方若高聳，為虎方高壓，所謂：「白虎起高峰，老婆打老公。」會產生老婆過於強勢，產生老公懼內的現象。白虎也主敵人、黑暗、小人、同事阻撓的方位，白虎高壓，是非不斷。婦女心情多燥性，較難安定，常多口角，或女越男權，使全家不得安寧。

龍虎之高低，最後可由《地學探原》所述作一結論：「其強弱勝負，不拘龍虎，只論上水下水，龍在下水，要龍強龍勝，虎在下水，要虎強虎勝。或曰不怕青龍高萬大，只怕白虎高一尺，此俗談勿聽可也。」

故而《地學探原》又云：「雖有龍虎之勢，而無龍虎之情，其地必敗。一邊有情，一邊無情，必假。一邊有力，一邊無力，房份不均。一邊圓活，一邊死硬，亦假。一邊開豁，一邊逼窄，亦假。」

化解方式：

1、針對虎方高壓，可以在屋宅的青龍方置盆景，內中安放龍山或九龍寶璽以鎮壓之。選擇安置龍山的日課，宜取陽宅坐向卦氣及紫微八字命盤之吉時的吉位，並以九天玄女一二〇甲子剋應法，再合奇門天星選擇催貴旺丁吉課。因為龍方低陷，主男丁不利，故宜配以催貴旺丁吉課，若以天星擇日盤的第五宮（代表子女）強旺，並

白虎方高壓，青龍方低矮，則表男主人位不正，女權高張，或女子掌管家計。

白虎方高壓，青龍方低矮，則表主人位不正，男丁較無貴，男主人亦無權威，家中女人較強勢。

五宮主星廟旺不落陷，並得吉星相助，最佳的組合是能再合於主事本命卦氣、卦運，此為中西合璧之最佳選吉日課。（參看一六六、一三四頁之圖）

2、中國古代的四靈是龍、鳳、龜、麒麟，其中龍主尊貴，有著獨特的神性變化，所以能居中國四靈之首。龍代表權威，海底世界的主宰稱為龍王，在民間龍被視為尊貴祥瑞的靈獸，是帝王天子之象徵，龍也是富貴吉祥的象徵。

3、龍由於具有尊貴的性質，所以擺放龍馬可以招來貴人，當一個人感到缺乏助力時，便可利用龍來求取改運，為事業及其他人生際遇挽回頹勢。（參看二〇五頁之圖）

玄武低陷 — 缺乏長輩貴人提攜

住宅後方風水上稱為「玄武」，又稱「靠山」，當屋宅後方特別低下時，謂之玄武低陷。俗語說在家靠父母，出外靠朋友，靠山吃山，靠海吃海，反正不管你是靠甚麼，就是要有靠就是了。所以選擇辦公大廈它的背後有山，是為有靠山，在城市中無法尋找真山，一般皆以大樓為山，就是說，在選擇一幢大樓時，要在此大樓的背後有其他的大樓支撐，在風水學中建築背後更高的建築被視為靠山。有了靠山才會有依靠，對生意和運勢都更有幫助。

《雪心賦》：「堂中最喜聚窩，穴後須防仰瓦．更看前官後鬼，方知結實虛花。」

化解方式：

1、若是屋後空地低陷，需將低地填平並種植一些植物，植物數目應以房屋坐向之卦氣及卦運來配合。

2、如果商業大樓背後沒有靠山，也可以透過在辦公室內部置盆景並擺放琉璃精製的龍山加以彌補，龍山的後方還可以依卦氣擺放兩盆圓葉且厚葉的盆栽，也可以用來當作靠山，來解決沒有靠山的問題，使您在事業上後有靠山，前有貴人相助，並且琉璃是佛教中七寶之一，能量強而且能迅速的將能量散發出去。

3、擺放琉璃雕成的龍山，在風水上可藉著琉璃散發的能量及龍的威力，龍生旺氣、制煞、納財、招貴之效，而飛黃騰達。龍由於具有尊貴的性質，所以龍山還可以招來貴人，並且可以發出增強背靠的作用。（參看一六六頁之圖）

4、還可在辦公室內置一幅開運風水油畫，油畫內容需依大樓坐向及辦公室所納六十四卦之卦氣，來決定油畫的內容，但是不可有瀑布沖瀉而下之景觀。

建築背後更高的建築被視為靠山。

玄武方低陷：前方馬路，後面空地，一層比一層低。

5、住宅後方低陷並且有河流切割而過，可於玄武方放置五行龍山，以補後方龍氣之虛，因龍喜水，亦取其水中之財氣，因為山管人丁，水管財。（參看一八八頁之圖）

坐後空虛 — 難逢貴人

辦公桌、書桌、睡床背向窗戶，而且後面空空，光亮無一物以遮掩，或是房屋後面地勢比前面低很多，一片空曠是為玄武低陷，有如人往後傾倒之象。

不論是辦公室、書房或是睡床的後方，都應該要有紮實的牆面，不可有窗戶，如果背向窗戶，而窗戶的光線很光亮，就是犯了玄武空虛。凡書房和睡床犯玄武空虛，容易造成精神緊張，坐睡不安穩，引起精神衰弱，魄力不足，膽識不夠，做事不穩定而沒有安全感，沒有魄力且膽小，並且難有貴人相扶之現象。

辦公室內置一幅開運風水油畫。

住宅後方低陷並且有河流切割而過。

化解方式：

1、應將背後落實加強，或將窗戶加裝不透光之窗簾或木板遮檔住，使之玄武有靠，可放置旺運催財風水油畫，再放置琉璃龍山以為後靠，才會有貴人。

2、可將屋後空地填高，並離房屋一定適當的位置上，種植一些植物，其相關位置高低應以房屋坐向先天卦氣卦運配合。

3、如果後方是自己的土地，可在坐山的範圍內植樹木或作圍牆，但是不能離住宅太近。

前高後低 — 好大喜功

如果馬路一頭高、一頭低，住宅地基在低的一方，則為前高後低為不吉，主退氣，尤其不利於男丁。而屋宅前一方高，後方低，就好像犯了大頭病，不切實際，好大喜功，因而誤判局勢，資財不聚。

黃帝宅經：「宅者人之本，人以宅為家。若安，即家代吉昌；

將窗戶加裝不透光之窗簾，放置龍山以為後靠。

坐後空虛。

若不安，即門族衰微。」山管人丁水管財，即有山有水，且秀山麗水之地乃真正風水旺人丁亦旺財。

人類在自然界中生存，當然受到各種自然環境的影響。住宅周圍的環境深深地影響到居住人的情緒與心性。住在寬敞的房子或郊區地勢寬廣的人，心胸開闊。而住在人多而密集的小巷，或建築物忽高忽低的住宅中，則容易變得脾氣暴躁、性情怪癖、眼光短小。

風水古籍《青囊序》：「山管人丁水管財，此是陰陽不待言。」把這原文直解過來意思是：山是不動的，屬陰，是管人丁，山形、理氣的合宜與否，直接影響到人丁的旺衰；水是流動的，屬陽，是管財祿的，就好像錢財進進出出的流通於市場上，來水、出水的形氣優劣，決定了財源的豐薄。

化解方式：

前高後低之屋宅極為不吉，主退氣，尤其不利於男丁，用陽宅化煞物來化解只是一時的，無法長久，只有三十六計走為上策，盡速搬家為宜。

前高後低。

右高左低。

採光不足——陰氣沉沉

適宜的通風及採光是風水學的基本要求，正所謂「孤陰不生，孤陽不長，陰陽調和，百事俱昌」就是這個道理。對於商業大樓來說，明暗適中的光線將更有利於運勢的提升。

充足的採光，是因為明亮的光線可以增加公司的陽性正能量，提高生氣運動的活躍性，從而起到催財生旺的作用，不僅有利於提高公司的財運，還可以使員工在工作中保持旺盛充足的精力，為公司創造出更多的業績。否則，不僅公司財運平平，嚴重時還會造成發展道路上的困難重重，容易遭到小人的暗算。

當然，採光還是要適宜才行。如果辦公室採光過度，過於明亮的光線會使人無法安心工作，管理者也容易脾氣暴躁，影響到公司和諧的工作氛圍，使團隊喪失凝聚力和向心力。

有的商業大樓處於比較偏僻的角落，或是受到其他建築物的遮擋，無法接受陽光直射，因而光線昏暗。這樣的格局在風水中就是犯了陰煞，會導致員工精神不振，生意慘淡。

採光不足光線昏暗。

大樹遮蔽屋宅造成採光不足。

化解方式：

1、商業大樓光線過於陰暗的房間只適合用來作倉庫或是餐廳，不宜用作辦公，但也應有良好的通風設備。

2、至於住宅過於陰暗的地方，必需再增設燈光，保持明亮，並保持優質的通風。

3、有些大樓四面都採用玻璃幕牆，雖然這樣採光非常好，卻容易導致陽氣過重，就是孤陽煞。過於明亮的環境會使人心神不定，解決的辦法是懸掛百葉窗或窗簾，以調節室內的光線，或在窗的邊緣種植綠色盆栽以調節。

4、在牆壁上可置一開運風水油畫，需視納氣決定油畫之內容，如內中可畫有紫氣東來之陽光，且太陽之兩旁雲彩如龍鳳呈祥，陰陽和諧相生之狀，內中圖像需以門內辦公廳屋內之納氣卦象而定之。（參看一四五頁之圖）

5、可用龍鳳呈祥或龍鳳杯以增加旺氣。

6、若是環境因素許可的話，可以多置窗戶以為採光。

龍鳳杯

陽宅經典案例及風水小故事

酉
申
庚
辛

案例一：蘇澳南天宮黃金媽祖

好風水蔭育出香火鼎盛遠近馳名

媽祖信仰是臺灣最普遍的民間信仰之一。由明清時代漢人自唐山移民自中國東南沿海地區渡海而來，臺灣海上活動頻繁歷經荷蘭與西班牙時期的東亞貿易活動及明鄭王朝的武裝海商集團，因此媽祖成為臺灣人最普遍信仰的神明之一。不論是大小街莊、山海聚落，還是通都大邑，都可看到媽祖廟。南方澳南天宮位於台灣宜蘭縣蘇澳鎮，是主要奉祀天上聖母的媽祖廟，南天宮建於日據時代。

南方澳位於台灣東北部的宜蘭縣蘇澳鎮境內東南方，東臨太平洋的天然漁港，除了是台灣三大漁港之一外，也是東部遠洋漁業的重要基地。當地的居民以靠海捕漁為主，為感謝媽祖庇佑，居民在一九五〇年籌建南天宮，一九五六年十一月十八日全廟興建落成，至今為南方澳的生活信仰中心。南方澳南天宮是全台灣第一個打造「純金媽祖」的廟，並以此打響名號另外還有「玉媽祖」神像，也是藝術珍品在南天宮旁的巷子，有六層樓高的香客大樓可滿足香客居住需求，南方澳南天宮是台灣東北岸香火最鼎盛的媽祖廟，來自各地信徒和香客絡繹不絕。

蘇澳南天宮奉祀天上聖母。

上圖：南天宮正面。 下圖：南天宮供奉之玉媽祖神像

南天宮供奉之金媽祖神像

坙落於漁港玄武方山脈的中心落脈處。

南天宮前方明堂。

媽祖廟的案山來自於坐後之玄武方，山脈經轉折、起伏頓跌、落脈於青龍方再綿延迴旋，形成隆起之土丘輔弼山形，亦如天馬山展示於案前，山青水秀、水抱山環、地勢開闊，羅城周密，是為八風不動，藏風聚氣，龍虎砂對稱有力，堂前水勢融聚，水聚天心，端圓方正斯為美，前後修長蓄氣專，實為山水聚會的極佳明堂。這也應驗了山不在高，有仙則名，水不在深，有龍則靈。因而使得蘇澳的金媽祖能如此神威顯赫，正如地書云：「山管人丁，水管財。」也蔭生蘇澳的黃金媽祖廟的香客從四面方八、絡繹不絕、一擁而來的朝拜，因為人氣即財氣，廟方因而累積了豐碩的財富從而打造出純黃金的媽祖神像，這正是最佳的驗證。

南天宮於西元一九九〇年（七運）加以擴建，同時打造了一尊純金身的媽祖神像，全身皆為純金打造及五尊湄州媽祖安座在此宮，吸引許多信徒前來朝拜，香火鼎盛。這座純金敬雕之媽祖高六尺三吋，安座開光後，在國內吹起打造「純金」神明風氣。

南天宮前案

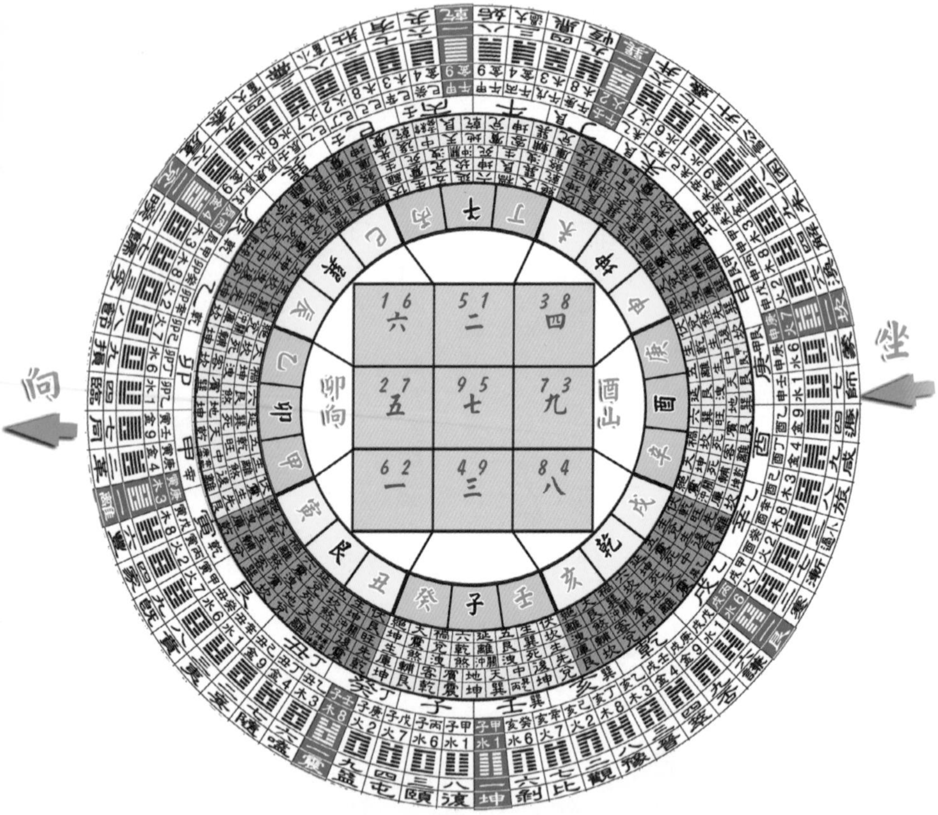

南天宮：七運酉山卯向下卦。

南天宮採南式宮殿造型，是當地居民信仰生活的中心。三樓金媽祖：一九九〇年請來二十多名師傅打造恭雕出全世界最大的一尊純金身媽祖神像：「金媽祖」（全身皆為純金打造，重達二〇三．八公斤）一九九五年九月十日子時安座（七運）吸引許多人來此朝拜，香火鼎盛。

二樓玉媽祖：二樓有一九八九年安座的「玉媽祖」神像。

一樓湄州媽：一樓有五尊「湄州媽」神像。

南天宮坐山是西山卯向，周天二六六度。先天卦氣一，後天卦運七。

若以八宅論之，坐西向東，或坐東向西為震宅、兌宅，不可開中門，皆為絕命，大凶。而寺廟一定是以中門居多，該如何解之。因此，寺廟風水理氣八宅法難以運用，可知風水佈局有許多方法，捨一法尚有多法可行，應活用之。

西元一九九〇年（七運）加以擴建，同時請來一尊金身媽祖神像，全身皆為純金打造及五尊湄州媽祖安座此宮，故以七運下卦兼論之。

本山向：七赤令星到山到向，正值飛星73，合十又得飛星當運之旺氣，向首宜水，坐山宜山，向上27，為當運旺氣之水，故為旺局。

穴前明堂中正之處，謂之天心，水聚天心則吉，水破天心則凶，水聚者就是有水深而融聚於面前而靜，主主財。聚水局者，水得儲聚之謂，乃諸水融聚於住宅前之明堂，有深潭、池沼或湖泊。《雪心賦》云：「水聚天心，孰不知其富貴。」聚水宜澄清而深且為活水終年不乾涸為佳，若再遇龍虎兩砂貼身緊抱則是錦上加吉，風水更佳，而南天宮前方明堂龍虎砂對稱有力，堂前水勢融聚，水聚天心，端圓方正斯為美，前後修長蓄氣專，實為山水聚會的極佳明堂。

以中國的山脈分佈，水勢大多由北方或西方流向東方，如黃河、長江等大河流，而傳統的三合院很多都是坐北朝南，假設穴場的水由西而來，流向東，則西方即為天門方，宜開不宜閉，東方即為地戶方，宜閉不宜開，東方為青龍天門方，西方為白虎地戶方，所以堪輿家常說：「天門宜開，地戶宜閉。」即是此理之延伸，又說：「最怕白虎昂頭，白虎抬頭則會傷人。」所以右方白虎不宜太高，左方青龍高昂為地戶閉，則主生氣聚，再合於理氣運作，才可以使得主家財丁兩旺。

南天宮前方案山為輔弼山形，如天馬，如倒地葫蘆，輔弼在此方又有鎖氣之用，是有聚財之妙，天馬代表遠行，故本廟以外地遠道而來的香客居多。因其案山擋住了本廟水流出之方位，使之不見水流出去，是為天門開，地戶閉，因此造就了南天宮近悅遠來，遐邇聞名，香火鼎盛。

南天宮近悅遠來，香火鼎盛。

南天宮坐酉山卯向，此方是七運時向上的當運旺水。

石碇五路財神廟

石碇五路財神廟金碧輝煌，發財求金神靈顯赫。

案例二：石碇五路財神廟

神威顯赫求財香客人潮如流

財乃養命之泉源，金錢雖不是萬能的，但無錢則是萬萬不能，因此談起「發財」大家眼睛都會馬上亮起來，財神爺是掌管天下四方的財庫，每個人都希望財神爺降臨我家，五路財神廟的格局氣勢合於堪輿的巒頭理氣，更是合於山巒水局也使得財神靈驗無比。

五路財神廟面朝山形如元寶的元寶福山，巍峨峻拔，特達尊貴，由東而西的辭樓下殿，起伏頓跌，重障疊翠的來朝迎此金龍湧泉穴的靈聖山，正是「元寶特朝金龍湧泉穴」，使得財神瑞氣郁郁金光閃閃。

左右山峰貼近，案山堂局緊密，八方不動，羅城周密，左右龍虎護衛有勢，氣象萬千，從元寶山逆水朝堂。如元寶於前案橫拱本廟，是為祥瑞而聚萬財之象徵。武曲金星豐滿雄壯落脈入首結穴，地心活龍脈而又得天獨厚聖水泉湧而出，如同人間仙境，身歷其境令人安祥娛目心曠神怡。此外，卯方所來之桃花水，在寺廟而言代表人脈容易聚焦，也是財神廟香火旺盛的表徵之一。

玄空飛星解說

五路財神廟七運酉山卯向下卦：

五路財神廟坐酉山卯向，周天二六九度地水師卦，卦氣為一水，卦運為七，本山向在七運時為七赤令星到山到向，旺山旺向之局。

向首宜水，坐山宜山，坐山酉卦飛星73，合十，並且山勢高聳，故利於人丁，亦主賓客雲集，香火旺盛。

向上飛星27，從元寶山逆水朝堂。如元寶

朝山元寶山逆水朝堂且為卯方來之桃花水。

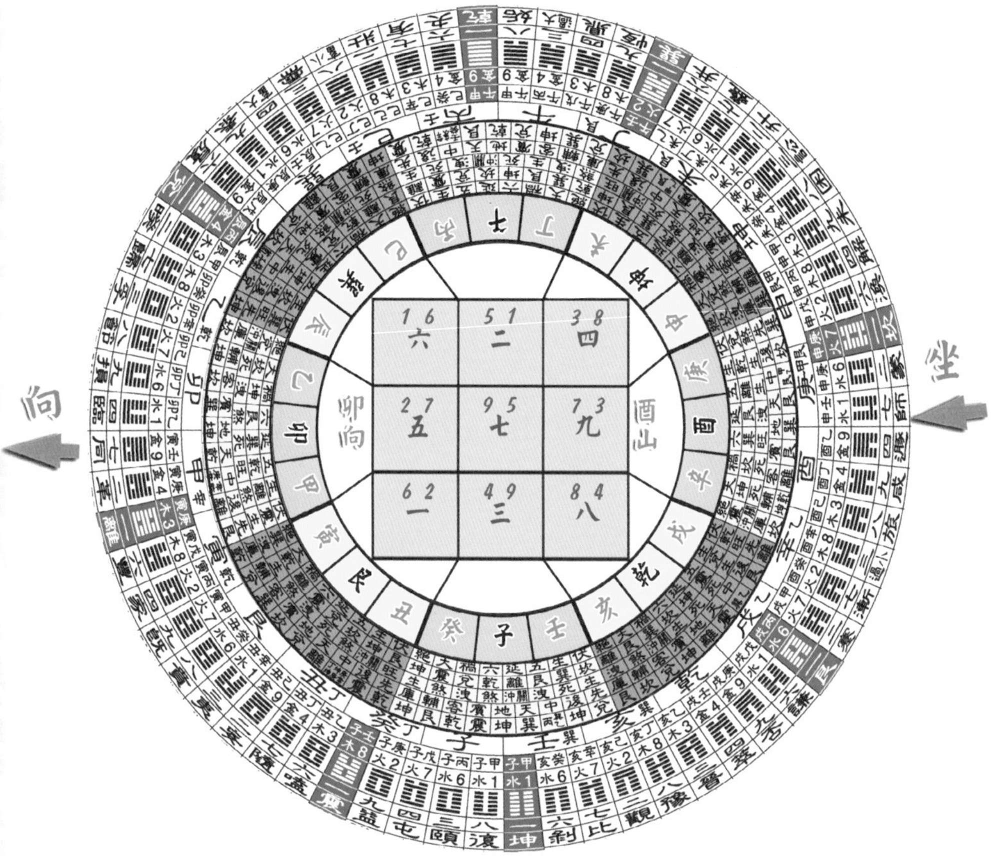

五路財神廟：七運酉山卯向下卦。

於前案橫拱本廟，是為祥瑞而聚萬財之象徵。得三叉水會合在向上，旺氣當運之水乃為旺局。

噴泉在艮卦位，艮宮62，有山、有水皆不當運，主丁財兩不利、頭部疾患、寒熱往來。故而水在此方不甚合宜，此為玄空飛星上有點小缺失，整體上大格局仍以吉論。

然而在八宅艮位是為延年位，龍門八局艮為賓位之水，賓位水宜出不宜入，故而可知方位吉無全吉。因此綜而斷此噴泉艮卦位亦是廟宇燒紙錢的方位，如是則是造成久而久之廟宇香火鼎盛，財源廣進，但易造成主事者易有高血壓、心臟、頭部之疾。

今以賴布衣秘傳撥砂歌而言：

消砂別來有五種，奴旺煞分泄與生，
他來克我為七煞，我生他也是泄名，
旺神即是我生我，他來生我號食神，

元寶山如元寶於前案橫拱是為祥瑞聚財之象徵。

食發科甲人丁誕，旺司財祿多子孫；
生不正兮只及旺，兩旺高明過一生，
克我煞高則禍絕，我生洩氣漸凋零，
我克奴砂為財帛，居官財祿得和平，
大地由來多帶煞，兩邊公位從不勻。

五路財神廟林木茂密，山勢雄偉，由賴布衣消砂法，以目前的二十八星宿來看，前方的元寶山星宿屬金，為旺砂，白虎方屬水，為洩砂，青龍方屬木，為財砂，如圖。綜的來說是吉砂多。

再以八運酉山卯向下卦來解釋五路財神廟旺發之驗證

二○○四年後至二○二○年依據三元九運，五路財神廟已經進入八運，酉山卯向八運下卦。

八白飛星88會合坐山，兼有天運一白交作，有高山、秀峰、明堂、三叉者，定卜丁財大旺，廟後酉方有一道路曲折而來，馬路亦屬虛水，當

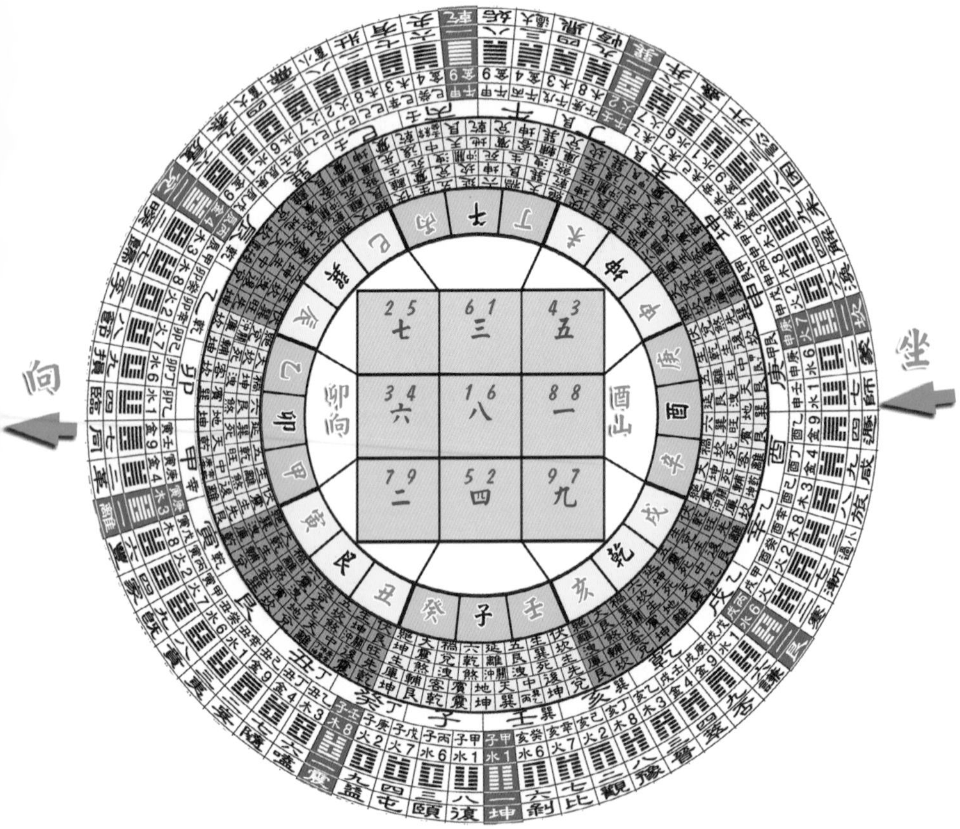

五路財神廟：八運酉山卯向下卦

運即發。

龍泉小水池在艮宮，飛星79，為生氣，小水為合局，最吉之氣。龍門八局謂之賓位水，故而財神廟八運亦然香火鼎盛。

白虎方從南往巽方有路，巽方，飛星25，此方有道路直下，二五交加必損主，是非多，需注意主事者或重要幹部健康不利，或產生將來後續無人，故此方宜採用陽宅秘傳翻天轉地口訣以化解，否則住眾高層多病痛。另以龍門八局，則此方為先天來水，主旺人丁，故而以吉論之。

向上飛星24，玄空秘旨：「山地被風，還生風疾。」「風行地而硬直難當，室有欺姑之婦。」陰神困擾，胃病纏身，也要注意會出現女子掌權的權利分配及紛爭之問題。

五路財神廟兌卦山九宮飛星斷訣

若坐山位於西方，羅盤 247.5°~292.5°，就稱為兌宅。

兌宅在羅盤上又細分為庚、酉、辛三山。《九宮內經》云：「兌山，七赤入中宮，為金山也。」

五路財神廟酉山，屬於兌宅的範圍。

《陽宅集大成》兌宅斷：「七陰山前離巽峰，乾為善曜艮為龍；乾兌二方無沖激，兒孫衣紫佐朝中。」

《陽宅秘旨》：「酉庚辛山，乃陰金也。不宜太明，太明則女掌男權。」

《三白鉤元》：「兌宅，是七宅、七宮，破軍天計星入中宮，管少女，是商音，天柱、驚門值事，正陰山也。其吉凶七旬、七月、七年應，喜乾、巽、離三方為吉，忌震、兌二方為凶。」

《餐霞道人》曰：「七赤屬金，喜河洛之土運為生，金為旺，木為退，水為泄，火為殺，八方同推。」

六白武曲 東南巽宮	二黑巨門 南方離宮	四綠文曲 西南坤宮
五黃廉貞 東方震宮	七赤破軍 中宮	九紫右弼 西方兌宮
一白貪狼 東北艮宮	三碧祿存 北方坎宮	八白左輔 西北乾宮

兌宅九宮飛星圖。

出水口飛六白到巽，東南方，先天卦為兌之卦位，六白屬金，金見金比和，旺方也。飛一白到艮，東北方，一白屬水，中宮金生水，本為退氣方。開門，可用，流年一白、四綠星到，發秀，貴。此方有小水者吉。

舉凡宇宙間之大小事物無論如何奧妙，當我們的智慧夠了，瞭解它以後，就變成為平凡，而且非常簡單。以上五路財神廟有一白與六白，兩星搭配，形成一六共宗，在九星而言是非常吉利的格局。懂了宇宙萬物的法則以後，再把八卦的圖案，排在指節上面，再加上時間的關係，空間的關係，及特殊的人事物的對應關係融和應用，並以數學的公式排上去，就可以推算出所有的好壞吉凶的事情來。

九宮飛星，這就是把那麼複雜的道理，用最簡單的符號，或簡單的法則來解釋，這樣就會變得非常簡單化，這也是陽宅理氣常用的一種方法。一般鑑定陽宅吉凶都應該要用多種理氣合併使用。如此才不會失之偏頗。

由五路財神廟右側白虎方，循著道路往廟後直走，便會看到後山的來龍，有一塊石頭鎮住坐山，如此使山脈靈氣與寺廟因而連成中軸一氣，這有助於本廟住持或職司人員增強第六感的靈動感應力，與神明互感互應而交通傳達有感，普度眾生，並而達修行以求智慧解脫，財源自在。

從大石頭再往山上有一條彎曲而險峻，坡度大約30度的小道，轉折的彎弓處正對著坐山，坐山代表廟宇之靠山高階主管，所以要注意寺廟的高層人士有腦部方面疾病的疑慮，高血壓、心血管疾

財神廟後有一塊大石鎮住坐山。

患。坐山以廟來說也代表先天神明之靈動力強弱，故若想求得養丹修道之地，需要能覓有財神廟如此環境清靜，山明水秀，乾濕度良好的養生之地。參禪打坐，修習氣脈，大小周天運行順暢，調和人體全面機能，輸通十二經脈，聚集能量，序化全身，風水地理上的小缺失則無法妨礙之。

再者，後山的道路一直從西方沿著坤方到離方白虎方接連到明堂，而五路財神廟之明堂由左青龍方略向白虎方傾斜，這使得寺廟財源有入有出，也應證了廟中的高層會有一直想往外發展之勢，如此則往往會產生一些不必要的開支，但卻不得不開銷，使得寺廟的資金進出快速。由於寺廟是普度眾生，取之於眾生，用之於眾生，修道人以眾生的利益為利益，亦無所謂得失，也不應於此有得失之患。此地理為靈氣所鍾，天地間之靈氣，以及主事者的睿智英明，必能處之得宜。若再能用風水之法以改之補之，加強的話則又有一翻不同景觀也。

修行所需的四大要條件，財、法、侶、地，其中財排在第一位，自身所得之財和外來施捨之財。時代不同，所需也不同。以前的修行人主要以施捨為主。無財不能養道，然而風水上的改良，有利於財源的穩

財神廟後山的路沖。

定，後山的反弓道路與前山的白虎方一脈相承之處是此五路財神廟吉祥風水的美中不足，建議宜作風水佈局規劃，以及明堂整地佈局，可採用玄空大卦移形換步之心法改造，以長保吉祥安康。

從遠方鳥瞰整體的基址，白虎方的道路從後山到前山連成一氣，看來比較強勢，因而使得廟中女幹部的勢力顯得強了一些，高層應注意權力分配，各司其職的問題。

前明堂停車場向白虎方傾斜，虎強而龍弱。容易造成肺、腎方面的疾病，也不宜往外做大量的投資。因為明堂傾斜，財利容易得而復失，所幸白虎方出水，水流過中軸再往青龍方出水，而水口有守，因此更幸明堂現也略整修成停車場使其傾斜

財神廟白虎方的道路

沖擊之水路形成反弓煞

財神廟白虎方的道路對路旁之屋宅形成反弓煞。

度減輕化解了很多，以及保守從事則無慮。

天上星辰似織羅，水交三叉要相過，因山一片是靜，即實一片也。水一片是動，即空一片也。山龍不易認，水口一望即知，故認三叉水口亦可印證山龍。

形成三叉的所在位置即為風水所說的城門，《青囊序》：「水對三叉細認蹤。」水聚三叉在這高山流水，鬱木蒼蒼，山峰旋迴合抱而藏風聚氣，堂局左右龍虎端正，四畔齊整，水聚三叉由白虎方出水，水繞砂抱，乍看之下不見外局出水之處，是為天門開，地戶閉，出水口隱藏不現，羅城周密，此為聚財風水吉地之徵象。因而蔭育了五路財神廟求財求金的信眾來自國內外，而綿綿絡驛不絕人潮如流之盛象。

水聚三叉為聚財之寶地

白虎方出水口緊密關攔，為聚財之徵。

案例三：宜蘭梅花湖道教總廟三清宮

香火鼎盛爐中香火不熄

道教總廟三清宮位於宜蘭縣冬山鄉梅花湖山麓，距離羅東市區約七公里，沿途風光明媚，加上梅花湖碧綠清澄，山光水秀相映成趣，堪稱為探幽攬勝的最佳去處。是一座集中國古典之精粹，堂構鼎壯，莊嚴無比，巍峨峻拔，典型的道教寺廟建築。

三清宮供奉三位天尊係道教無極界最高神祇。即是玉清元始大天尊、上清靈寶大天尊、太清道德大天尊，統稱「三清道祖」，筆者亦以尊奉三清道祖為主。

在本寺左側青龍方，面對入口之處有一道牌樓（如一四五頁之圖），牌樓呈現九龍圖，工法造作細緻精美，美倫美奐長寬合度，氣勢恢宏，只可惜方位上有點不甚恰當，因其正好沖照青龍方的建築，七運

三清宮位於梅花湖山麓依山傍水巍峨峻拔

道教總廟三清宮之正面。

三清宮供奉主神為三清道祖。

玄空青龍方乾卦位飛星32，紫白九星屬煞方，八宅明鏡絕命方，龍門八局為地刑位，必須小心寺廟住眾或者是高階主管的身體狀況，應以道法配合玄空佈局來化解，並以易經六十四卦的玄空大卦的先天卦氣、後天卦運些子法來為裁剪添補之勢以為補強或化解之道。否則流年飛星沖吊至此方位，恐有產生廟中會有高層較易有重病或人才留不住之疑慮。

八運玄空飛星坐山88，寺廟後方有噴泉，向上79，為生氣之方，故而運行至八運，使本廟的香火依然興旺如昔。

兌方、坤方大樓八運玄空飛星16、61，而龍門八局為賓位水，因而在此方接待貴賓、道友，對於道務上的發展有大的助益。乾方25，是為二五交加損主，

三清宮左側青龍方有照壁沖射。

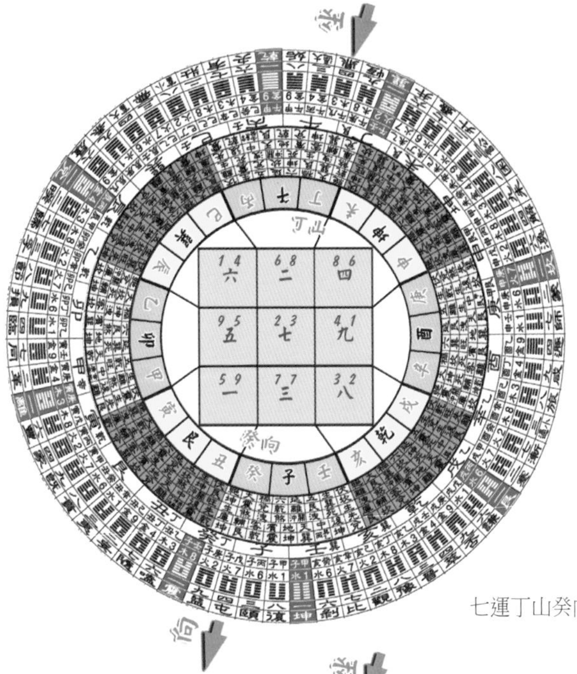

七運丁山癸向下卦。

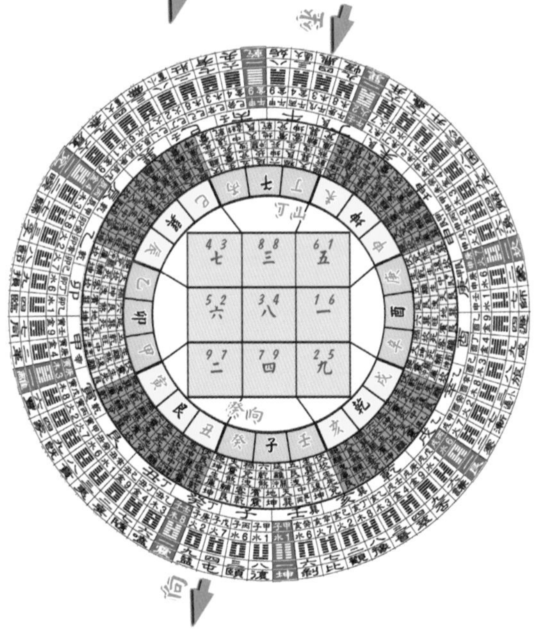

八運丁山癸向下卦。

容易產生住眾或主事身體也許欠安。

依龍門八局則又有不同的論斷。乾方為後天位，也為地劫之位，九星又為煞氣，八宅為絕命位，因此在堪輿佈局上就會有方位吉無全吉，凶無全凶之論述。也就是方位無全吉，也無全凶，端看地師之造作裁剪填補，或以易經六十四卦玄空大卦之抽爻換象，移形換步些子法，或城門訣為之。或可斟於最佳之救貧迎富之進發催貴旺財之佈局。

龍門八局後天乾卦位則是從停車場入口，緩緩一直進來，經過香客大樓，三清聖境牌樓，此為後天水來朝，雖屬人工造作，亦主財源如流水般緩緩而來。故程子曰：「卜其宅兆，卜其地之美惡也。」地美則神靈安，子孫盛。若培壅其根，而枝葉茂，理固然也，惡則反是。可見地理師之造作可加強或彌補巒頭形勢之美惡，再以理氣為相輔相成也。

本道教總廟之聚水局，可以說是澄清而深且緩靜，不見水流動又為活水終年不乾涸為最佳最旺之局，龍虎兩砂貼身緊抱，只可惜龍虎砂落差大一點。如果前案之朱雀方，若有守，則聚財，不能守，則必失財。

由於中間落脈處山形過於陡峭，故此地不宜正中落穴，由衛星圖所示，穴場點於青龍砂手之肩上，雖不甚理想，但因地理巒頭形勢所限故而本廟在建築之初亦是如是觀也，實乃不得已之造作也。然本總廟此亦造成龍虎砂落差過大，非產生本廟初始會有人事之不安定及不和之象，若修為上及神靈之佑則可免此象。

後天水來朝緩緩從停車場入口進來，經過香客大樓及三清聖境牌樓。

梅花湖碧綠清澄的水融聚在堂前，不管是池溏或湖潭之水，淡水河流，或者是海水，都可視之為聚水局。

山勢由明堂傾瀉往白虎方而去，飛星97、52，若有案山則為更佳。由於地形的關係，實為美中不足。此地理景觀依山滂水，與清靜脫俗的自然景觀相互輝映，蔚為人間仙境，此為道教總廟，以住持的清靜修為，以及三清係元始天王所化法身。霞彩現當身，頂上靈光千丈遠，或許堪輿上的小問題不足道也，況且普天之下亦無十全十美之地理。梅花湖道教總廟有如此不假人為造作的有風水龍穴實是難能可貴，亦是三清道祖之神靈所佑。

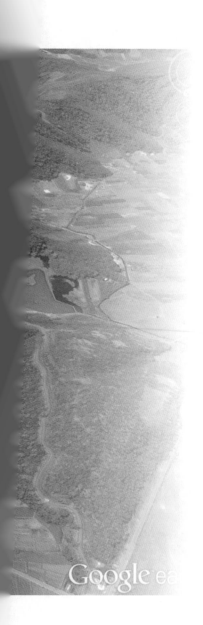

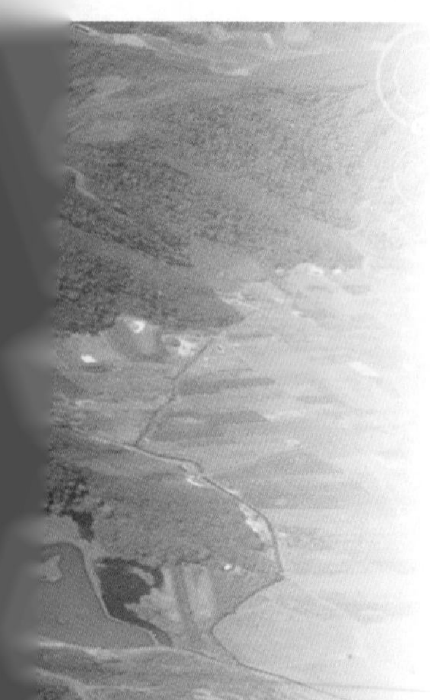

道教總廟三清宮之鳥瞰圖。（本圖引用 Google 地球的圖形。）

案例四：純發麵包和營建署

咬人虎和大鋼箭鬥法卅年

高雄市新興區五福二路和林森一路街口的三角窗，雙方風水過招卅年，位於西南方的一棟七層大樓，吳姓屋主在三十年前（一九八〇年）經營麵包有成，是在當時港都高雄最為聞名，「純發麵包」成為高雄糕餅業之牛耳，本來是在林森路和五福路三角窗的第二間，坐西向東，後來買下了五福路口的三角窗擴大經營，業績蒸蒸日上。

一年後三角窗正對面的東北方蓋了一棟八樓建築，為營建署南區工程的樓層其形如虎口，因而造成麵包店家宅不安。也因吳姓老闆有天夜晚出外應酬，開了一輛雙B寶馬的進口車，手上戴著鑽錶，一下車之時便有一飛賊迎面而來欲搶其腕中鑽錶，吳老闆抵抗不從，雙手在拉扯中飛賊腰中掏出一隻扁鑽往吳老闆胸前一刀刺下心臟，當場斃命，飛賊趕緊逃跑，後被人捉到，依搶奪殺人罪判死刑，可憐一個大企業才四十出頭就結束了燦爛的一生。

因此吳家便延聘了風水師來堪宅，指出南工處的外觀就像是一隻張大口

（左）純發麵包設立弓箭射向南工處。（右）南工處形如猛虎。

咬人的老虎，當時經營麵包店的吳家正沖虎口，老虎除吃麵包外也會咬人因此便難免有人傷亡，為了自保，吳家聽信風水師之言，在家中五、六樓安置兩個約30公分大小的木弓箭對準南工處，希望能鎮住白虎張口的威煞，因而維持了多年的平靜。

過了幾年的光景，南工處長的太太及多名員工接續死亡，不是罹癌就是車禍等意外事件不斷，讓所有員工感到不安，曾與屋主溝通，但未獲首肯。南工處也請來地理師建議說在四樓至八樓處加裝鋼網成為老虎戴上盔甲，吳家人認為再受威脅，因而再次向風水師求助，地理師建議先避其威，把原本擴大的七樓店面全面隔成兩樓，麵包店縮小成原來林森路第二間，三角窗七樓成為空屋，而在三角窗五樓到七樓都裝上一副不鏽鋼材質的大弓箭，而且都拉滿弓，只要老虎一有動靜弓箭就馬上射出去。

南工處長黃水德說，風水之說太玄，本來不該太迷信，但為了安撫員工，曾邀請吳姓屋主溝通，但屋主堅持不接受協調，雙方沒有交集，為了自保不得已在事後又請來了地理師來破解，地理師建議他以官署招牌及國旗鎮住對方弓箭煞氣，以此為全面抗拒，免受災映。

當時台灣行政院吳昌民表示，南工處為了響應政府推動綠建築政策，才在建築外加上阻隔陽光的鋼網，想不到被吳家以為是為老虎裝盔甲，南工處雖曾向附近民眾說明，可是吳家始終不採信。

吳家三角窗租給一家自助餐進鎖店，二樓租給美髮業，現還招租中，但都無人敢租。

此風水決鬥兩敗俱傷，吳家的三角窗黃金店面三十年來大多數是空置租不出去，浪費了如此好地段，年年繳稅也租不出去，更不用說要賣了。

我建議雙方應放下身段，營建署四到六樓虎口處宜用惟幕玻璃遮掩起來，以免傷人，吳家也應收起鋼箭不再射虎，改成安奉一對飛天麒麟以為制化，豈不圓滿順利，一舉兩得。

（本案例故事為高雄陳啟銓老師所提供。）

案例五：甥舅風水大鬥法

懸架高鏡大戰拉弓揚斧

台灣屏東縣新埤鄉建功村，有一對毗鄰而居的甥舅，因為感情不睦，兩家不對簿公堂也不開口大罵，而是用風水鬥法，電視報紙媒體大肆報導而轟動全省，使得這農村一時之間人潮如湧的，因此便引來很多看熱鬧的觀眾駕臨此一客家小農村，因而熱絡起來，一向沉寂的小農村變成車水馬龍的現象。

就在二〇〇七年退休老師李照豐先生夫婦在自家建地蓋了一棟二樓的透天別墅，他的舅舅早在廿幾年前在他家別墅的右前方，靠村莊馬路旁蓋了一棟二樓透天的住家，甥舅早就互不來往。

（上）母舅張弓揚斧。（下）外甥安上兩座凸鏡來反擊。

李照豐別墅右邊的屋角正對著舅舅房子的後方正中央，也就是別墅是斜向馬路，前方有庭院種滿了草果樹，他舅舅一見屋角沖向他家的後方，使他夫婦倆時常腰骨酸痛，於是請來堪輿風水師看宅，建議舅舅在自家三樓陽台牆邊架設一把大斧頭和一支弓箭，一前一後，斧頭高高揚起，作勢要砍向李家，鐵弓箭則是拉滿弦，箭在弦上，蓄勢待發之象，更顯得殺氣十足，全都是對準外甥之別墅，讓李家人心裡感到毛毛的，寢食難安。

李姓夫婦當天就請村長張定省先生與舅舅協調，陳姓舅舅向他說，因為李家的樹葉經常飄落他們家，害也們每天都要打掃，才花費十萬元裝設這麼樣東西，並強調不會拆除，如果對方要反制，他們也不會在意。

李家也拜託多位鄉民代表代為轉達，又請派出所員警到家來勸說，不過都無法溝通，連家甚至避不見面，讓員警撲了空。警方表示，這兩樣東西都擺設在自家頂樓範圍內，並未直接傷到人，因此也無法可辦。

李家夫婦無奈的說，他當老師，舅舅務農種植檳榔水果，自幼就很少往來，由於兩家僅一牆之隔，七年前他的房子蓋好後，也在舅舅屋後蓋一高牆，但去年發現他的房子周圍設置了六、七盞燈，全天候亮著，半年前又在窗口安置了山海鎮化煞，也對著他的房子，雖然斧頭和弓箭沒有真正的傷人，但全家人的心裡卻造成無形的傷害。

李家為了自保，也請來了風水專家，建議他採取更激烈的反擊，但為了不傷和氣，他總覺得沒必要這麼做，但為了保護家人，只好在舅舅屋後架設了兩面很大的透面鏡，和山路彎道的凸透鏡一樣大，有二丈高，對準了斧頭和弓箭，兩家成了風水大對決。李家說他們也不願意在自家庭院架設鏡子，除非對方先拆除，否則他的鏡子也不會拆除。

他的舅舅看到後立刻用紅布條罩住斧頭和弓箭繼續鬥法下去。實際去李家拜訪，書香門第，雖初次見面也彬彬有禮，請我們在庭院坐下聊天，他很無奈的說夫妻當老師三十年，把退休金在祖產上蓋了別墅，種了一些花草、水果，庭院造景，怡享天年，想不到卻惹上不必要的風波。用羅盤量了一下才發現李家屋子坐北朝南，但坐在雷山之間的小空亡線，此空亡線容易卡陰，造成官非、人丁不旺，財源不聚，看他們家一時之間也是心亂如麻因此也未對其明言化煞之道，只好作罷，因緣未到。有人曾問本人，李家新埤鄉建功村建功路怎麼走，在高雄走八八道路南州下交流道往東行遇省道後右行就是建功村。

（本案例故事為高雄陳啟銓老師所提供。）

案例六：台東成功鎮古厝大門法

鯉魚吐水大戰漁翁得利

很多遊客從台東成功鎮三仙台石雨傘途中，經常被路邊的一處古厝的牌樓所吸引著，下腳步研究美侖美奐、古色古香遺跡，尤其搶跡研究者更會停下車來拍照留念，有些人經常打聽當地居民才知道，昔日這裡曾發生居民鬥法的事件，也留傳了一段鄉野傳奇。

在三仙台往石雨傘途中有一小村莊叫「小港」可見公路右側東邊有一座古洋樓，形如巴克洛式，僅剩牌樓和騎樓，雖已頹廢，雜草叢生，但隱約之間仍可見昔日之氣勢，上面題字「廣恒發」為溫家古宅的商號。

隔著公路旁左側西邊也有一座古厝，傾毀後僅留下牆面，是馬家所有，這兩處古厝所屬的主家，昔日因不睦而發生「風水大門法」的事件。

當地耆老說，昔日馬家和溫家毗鄰而居，因感情不睦產生嫌隙，馬家聽從了地理師之言，在自家屋頂上方的排水口塑上兩隻鯉魚，每逢雨季來臨鯉魚口對著溫家吐水以敗其家運，此鯉魚吐水像在金門古厝常見過，就是魚嘴上昂不會煞到對面。

後來溫家發現每逢雨季來臨時，家中大小不平安，家運財運也不佳，於是便請來一位高明

廣恒發溫家僅殘垣破壁。

馬家古宅僅剩一面牆壁。

地理師指點，就在對面馬家屋簷排水口的鯉魚嘴向下直沖牆面而來，雖然沒有直接潑到，但是大雨來臨時氣勢非凡。

後來溫家的地理師指點在屋宇上方放置了二座姜太公釣魚的塑像，面向馬家那兩條鯉魚，也代表釣走那兩條鯉魚之意，後來馬家果然意外連連發生，最後就遷徙到新港。後來地理環境變遷，又經過風災地震之影響至今僅剩斷壁殘垣，下場似乎很慘，徒留後人不勝唏噓和莞爾的鄉野傳奇。

文獻記載溫泰坤清咸豐十一年（一八六一年）生於屏排內埔鄉客家村，清光緒年間冒險抵達成廣澳拓墾經商，古代的成廣澳景觀優美，為橢圓形天然港，可泊船隻，在明末時代便有漢人來此經商，因其形像螃蟹的左右兩隻箝子，相接圍成一海灣，又稱為「蟳廣澳」。台灣光復後，因成功的港口較寬闊，因而改稱「小港」至今。

成廣澳由珊瑚礁形成，珊瑚具有繁殖性能，因此港口內外時常發生阻塞情形，每隔數年必須清除，般隻在不良氣候時進出，也時常發生危險，在一九八二年政府循民眾要求，興築目前的小港魚港，以便利漁民作業，但天然優美的景觀也遭破壞。

溫泰坤利用成廣澳天然港口，運入各種民生物質，並建立店舖名曰「廣恒發」，創立東海岸第一家批發商行，並在家中碉堡內裝有大砲一門以砲嚇退敵人，後來其後代因風水遭破壞兩敗俱傷而移居他地「廣恒發」老字號被湮沒於荒煙蔓草間，任其荒廢，一九九六年公路拓寬時，店舖北側被鏟平過半，已不復當年風華。

溫泰坤經商有成後，轉而從事土地開發事業，一九三八年為成功當地首富，也是台東廳下有名的大地主，獲得日本政府頒授「紳章」，一九四七年病逝於屏東市。

馬家為馬麟（一八六三—一九三〇）和馬榮通（一八九二—一九七一）父子基隆市人，馬榮通出生後就遷徙至成廣澳，父子倆皆當任區長，對於國學和書法造詣頗深，在一九三一年風水遭破壞後馬榮通區長遭徹職，於是舉家遷往新港經商，並擔任公職，光復後擔任首任官派成功鎮長，並兼任台東參議員並復膺任副議長，也進任第二屆成功鎮長，為日據時代和光復初期的領袖人物。

馬家的大宅院蓋在溫家對面的靠山邊，而緼家背靠顯海，兩家皆得風水蔭護，溫家經商財大氣粗，馬家為地方官貴，本應和睦相處才對，官場多鬥爭，稍有挫折就請地理師來堪宅，馬家雖居高處，但對方溫家大宅阻檔其明堂，影響前程，才想方法破解風水，最後鯉魚沖溫家，溫家塑上姜太公釣魚而形成「漁翁得利」。因而使馬家在官場失利而舉家遷往新港，溫家面向馬家空屋廢宅也氣勢大減，因此就把事業轉移屏東故鄉，至今還是富貴人家。

風水之鬥法，容易形成兩敗俱傷，兩方通融一下，在雙方互利的情況下，可以促進地方繁榮，而成和樂之社會，也是全民之福祉。

（本案例故事為高雄陳啟銓老師所提供。）

玉宸齋不斷的以創新、藝術、美學、宗教、民俗、文化六合一的理念結合現代的科技，開拓出文創的新視野，是榮耀創作的問世，締造出瑰麗的珍品，讓這雋永的尊貴，留下永恆的珍藏。

玉宸齋琉璃美學是——

文化藝術創意的表徵，傳承品質信用的保證，俯視超越登峰的禮讚。

綻放神聖榮耀的臻品，獨享至尊傲世的尊貴，雋永高尚精品的典藏。

本公司所設計開發之產品以及開運吉祥鎮品，均已註冊著作權及擁有專利權，仿冒必究。

國家圖書館出版品預行編目資料

陽宅外煞，一點就通 / 張清淵著.
－－第一版－－臺北市：知青頻道出版；
紅螞蟻圖書發行，2015.12
面　公分－－(Easy Quick；145)
ISBN 978-986-5699-70-3（平裝）

1.相宅 2.改運法

294.1　　　　104026992

Easy Quick 145
陽宅外煞，一點就通

作　　者／張清淵
發 行 人／賴秀珍
總 編 輯／何南輝
編　　輯／張瑞蘭、張家瑜、郭德言
美術構成／Chris' office
出　　版／知青頻道出版有限公司
發　　行／紅螞蟻圖書有限公司
地　　址／台北市內湖區舊宗路二段121巷19號（紅螞蟻資訊大樓）
網　　站／www.e-redant.com
郵撥帳號／1604621-1　紅螞蟻圖書有限公司
電　　話／(02)2795-3656（代表號）
傳　　真／(02)2795-4100
登 記 證／局版北市業字第796號
法律顧問／許晏賓律師
印 刷 廠／卡樂彩色製版印刷有限公司
出版日期／2015年12月　第一版第一刷
　　　　　2021年12月　　　第二刷(500本)

定價 350 元　港幣 117 元

ISBN 978-986-5699-70-3　　Printed in Taiwan